DEUS
NÃO DESISTE DE
VOCÊ

Max Lucado

Deus não desiste de você

O que a história de Jacó nos ensina
sobre o amor incansável de Deus

Título original: *God never gives up on you.*
© por Max Lucado, 2023.
© da tradução por Vida Melhor Editora LTDA, 2023.

Edição original por Thomas Nelson. Todos os direitos reservados.
Todos os direitos desta publicação são reservados por Vida Melhor Editora LTDA.

Todas as citações bíblicas foram extraídas da *Nova Versão Internacional* (NVI), da Biblica Inc., salvo indicação em contrário.

Os pontos de vista desta obra são de total responsabilidade de seu autor, não refletindo necessariamente a posição da Thomas Nelson Brasil, da HarperCollins Christian Publishing ou de suas equipes editoriais

TRADUÇÃO: *Érica Nunes*
PREPARAÇÃO: *Edson Nakashima*
REVISÃO: *Gabriel Ortiz e Beatriz Lopes*
DIAGRAMAÇÃO: *Tiago Elias*
CAPA: *Rafael Brum*

EQUIPE EDITORIAL
PUBLISHER: *Samuel Coto*
COORDENADOR: *André Lodos Tangerino*
ASSISTENTE: *Lais Chagas*

Dados Internacionais de Catalogação na Publicação (CIP)
(BENITEZ Catalogação Ass. Editorial, MS, Brasil)

L965d   Lucado, Max
1.ed.   Deus não desiste de você: o que a história de Jacó nos ensina sobre o amor incansável de Deus/ Max Lucado; tradução Érica Nunes. – 1.ed. – Rio de Janeiro: Thomas Nelson Brasil, 2023.
             144 p.; 15,5 x 23 cm.

             Título original: God never gives up on you: what Jacob's story teaches us about grace, mercy, and God's relentless love.

             ISBN : 978-65-5689-640-3

             1. Graça (Teologia). 2. Jacó (Patriarcado bíblico) – Ensino bíblico. I. Nunes, Érica. II. Título.

08-2023/45   CDD 222.1106

Índice para catálogo sistemático:
1. Graça: Teologia: Cristianismo   222.1106
Aline Graziele Benitez - Bibliotecária - CRB-1/3129

Thomas Nelson Brasil é uma marca licenciada a Vida Melhor Editora Ltda.
Todos os direitos reservados a Vida Melhor Editora Ltda.
Rua da Quitanda, 86, sala 218, Centro, Rio de Janeiro, RJ, CEP 20091-005
Tel.: (21) 3175-1030 – www.thomasnelson.com.br

Com alegria, Denalyn e eu dedicamos este livro a Travis e Alisha Eades, e a seus filhos: Jackson, Landon, Weston e Annie. Eles andam com Deus, lideram com fé e adoram com corações alegres. Temos a honra de servir ao lado deles.

SUMÁRIO

AGRADECIMENTOS 9

1 · A SOCIEDADE DA AURÉOLA TORTA 12

2 · DE PRÍNCIPE A PÁRIA 22

3 · ESCADAS QUE DESCEM DO CÉU 32

4 · SEM TOMA LÁ, DÁ CÁ 42

5 · O TRAPACEIRO É TRAPACEADO 52

6 · GUERRAS TERRITORIAIS DOMÉSTICAS 64

7 · A VIDA COM UM PILANTRA 72

8 · FACE A FACE COM VOCÊ MESMO 82

9 · TEMPO PRETÉRITO 92

10 · À SOMBRA DE SIQUÉM 100

11 · A GRAÇA NOS LEVARÁ PARA CASA 110

12 · VOCÊ CONHECE ESSA GRAÇA? 116

PERGUNTAS PARA REFLEXÃO 123

AGRADECIMENTOS

Não há palavras suficientes para expressar minha gratidão à equipe que está por trás deste livro. Eles se dedicam à criação de mensagens e livros de qualidade. A eles, ofereço com prazer, de pé, uma salva de palmas.

Liz Heaney e Karen Hill — editores que convencem este autor teimoso a limpar frases e encurtar parágrafos.

Carol Bartley — a melhor revisora do planeta.

David Drury — uma salvaguarda teológica contra pensamentos desviados.

Steve, Cheryl e Caroline Green — amigos dos mais queridos e trabalhadores dos mais fiéis.

À equipe de publicação da HCCP — Mark Schoenwald, Don Jacobson, Andrew Stoddard, Mark Glesne, Erica Smith, Bria Woods, Janene MacIvor e Laura Minchew.

Greg, Susan e Andrew Ligon — capitães que mantêm este barco flutuando e no rumo certo.

The Dunham Group — sou muito grato por suas ideias oportunas e criativas.

Dave Treat — líder de oração e amante de Cristo.

Jana Muntsinger e Pamela McClure — publicitárias capazes de pular edifícios com um único salto.

Janie Padilla e Margaret Mechinus — firmes e confiáveis. Obrigado!

Andrea Lucado Ramsay — mais que uma filha, uma colega de trabalho. Ótimo trabalho, Dre!

Brett, Jenna, Rosie, Max, Rob, Andrea, Jeff e Sara — vocês têm um lugar exclusivo no coração deste pai. Amo vocês para sempre.

Denalyn, minha noiva — embora mais de quatro décadas se tenham passado desde o nosso casamento, nunca me esquecerei da sua imagem caminhando até o altar. Eu vi seu sorriso e, desde então, meu coração não me pertence mais.

Você, leitor, caso decida confiar seu tempo a mim, farei o possível para honrar sua confiança. Deus o abençoe.

E a ti, meu Santo Pai, ofereço as maiores graças. Eu, como Jacó, sou inconsistente e esqueço com facilidade. Apesar disso, eu, como Jacó, estou protegido pela mão forte da graça do céu. E sou eternamente grato.

A SOCIEDADE DA AURÉOLA TORTA

CAPÍTULO 1

S e você é um *supersanto*, este livro não é para você. Se sua auréola nunca se inclina, sua fé nunca vacila, sua Bíblia nunca se fecha e seus pés nunca se desviam do caminho reto e estreito, deixe-me poupar-lhe algum tempo. Você não vai se identificar com essa história.

Você está completamente limpo? A única pergunta a respeito de sua espiritualidade é: por que as pessoas questionariam sua fé? Seu coração está tão voltado para o céu que você usa *portõesdepérola.com* como seu endereço de e-mail? Você começa seu dia com um "Pai-Nosso" e termina com um "Amém", sem interromper a oração?

Se você respondeu sim a todas essas perguntas, parabéns! Eu tiro meu chapéu para você. E o aplaudo de pé. E aqui está um aviso sincero: estes capítulos não foram escritos tendo em mente pessoas como você.

Este livro é para membros da Sociedade da Auréola Torta. Para os lutadores entre nós e os desastrados dentro de nós. Para aqueles que são parcialmente santos e parcialmente malandros. Temos boas intenções, mas fazemos o bem? Nem sempre. Fazemos avanços, com certeza, mas também fracassamos, muitas vezes ao mesmo tempo. Não precisamos ser lembrados de nossas derrotas. Nós não as esquecemos. Todavia, poderíamos nos beneficiar com um curso que nos trouxesse à memória a obstinada recusa de Deus em desistir de nós.

E ninguém é mais adequado para a tarefa do que Jacó, o patriarca imperfeito.

Ele é, por definição, um patriarca. No entanto, na foto do time de heróis da Bíblia, ele parece deslocado. Lá estão Abraão e Isaque, com seus cabelos ondulados, ombros fortes e feições esculpidas, lembrando um par de esculturas da Grécia antiga ganhando vida. Depois, há Jacó, o sujeito evasivo usando óculos escuros e capuz. Ele não parece se encaixar.

Seu apelido contém as mesmas consoantes que a palavra em hebraico para *calcanhar*. O que é muito apropriado, visto que, ao nascer, ele se agarrou ao calcanhar do irmão, como se dissesse: "Nada disso, meu irmão peludo. Eu quero o primeiro lugar". Jacó era o Enganador, e ele enganou mesmo.[1] Ele se aproveitou de seu irmão faminto, engambelou seu pai moribundo e reagiu ao ardil de seu sogro com astúcia.

Prodígio? Não. Pródigo? Isso se encaixa. Jacó nunca alimentou os porcos, mas lutou na lama com, se não Deus, alguém como Deus. Durante toda a noite, os dois grunhiram, agarraram-se e lutaram até que, ao raiar do dia, Jacó o agarrou e implorou por uma bênção. A bênção veio, mas teve seu custo. Jacó recebeu um novo nome: Israel. No entanto, o quadril de Israel estava fora do lugar.

Ele andava mancando.

Isso soa familiar? Você lutou com Deus a respeito do seu passado, seu futuro, sua dor e seus problemas. Você, como Jacó, saiu cambaleante em sua marcha espiritual. Algumas pessoas voam alto como águias; correm e não ficam exaustas, andam e não se cansam.[2]

Você? Eu? Jacó? Nós mancamos.

A história de Jacó é para mancos.

Conversei com um manco ontem à noite. Sentamos juntos em um jantar. Várias pessoas compartilharam uma refeição, uma garrafa de vinho e um lindo pôr do sol no sul do Texas. Os maridos sentaram-se do lado de fora, em um deque no quintal. Eu era o recém-chegado. "Você trabalha com o quê, Max?" Estremeci diante dessa pergunta. Nada refreia uma conversa animada mais rapidamente do que a descoberta de que há um ministro religioso no círculo. (Confissão: quando estou em um voo e me perguntam sobre minha profissão, minha resposta depende do meu nível de energia. Se

---

[1] Andrew E. Steinmann, *Genesis: An Introduction and Commentary*, Tyndale Old Testament Commentaries. Downers Grove: InterVarsity, 2019. p. 252; Gene A. Getz, *Jacob: Following God without Looking Back*. Nashville: Broadman & Holman, 1996. p. 8. "O termo passou a significar 'tropeçar, envolver-se em fraude'."

[2] Isaías 40:31.

estou com vontade de conversar, digo "escritor". Caso contrário, respondo "pregador".)

"Bem, eu sou um pastor." Silêncio. Os *supersantos* à mesa (em geral, há um ou dois) comentaram sobre seu estudo bíblico, no qual haviam aprendido muito. Os mancos (sempre há vários deles) se desculparam por sua linguagem imprópria e fizeram uma piada sobre passar a bandeja de ofertas após a sobremesa.

O bate-papo recomeçou, mas o sujeito à minha direita, com uma voz destinada apenas aos meus ouvidos, pôs-se a falar sobre sua fé, ou a falta dela. Se ele não tinha oitenta anos de idade, certamente aparentava ter. Suas pálpebras caíam até a metade dos olhos; seus ombros estavam curvados. Ele deu uma baforada no charuto e tomou um gole do pinot noir. Seu tio, disse-me o homem, era pastor. O tio o havia batizado em um rio do Alabama. Mas tudo isso ocorrera sete décadas antes. Desde então, ele enterrara um filho e sepultara alguns sonhos. Além disso, abrira e fechara um ou dois negócios. Desde então, ele tem lutado com Deus. "Acho que sou a causa perdida de Deus", disse ele.

Ele encontraria uma alma gêmea em Jacó.

A história de Jacó é de difícil leitura porque, com frequência, ele se comportava mal. No entanto, a história de Jacó é reconfortante, pois também nos comportamos mal com frequência. Isso nos faz imaginar: *Se Deus pôde amar e usar Jacó, acaso estaria disposto a fazer o mesmo conosco?*

Jacó viveu 147 anos.[3] No entanto, o cerne de sua narrativa cobre apenas vinte anos de sua vida (dos 77 aos 97 anos)[4] e nove capítulos no livro de Gênesis (25—35). Conhecemos muito pouco da vida de Jacó para além desse período. Não obstante, vale a pena refletir sobre o que sabemos dessas duas décadas.

---

[3] Gênesis 47:28.

[4] Craig Olson, "How Old Was Father Abraham? Reexamining the Patriarchal Lifespans in Light of Archaeology". In: Southwest Regional Meeting of the Evangelical Theological Society, 2017, Dallas. p. 13. Disponível em: <https://www.academia.edu/33972456/How How_Old_was_Father_Abraham_Re_examining_the_Patriarchal_Lifespans_in_Light_of_Archaeology>. Acesso em: 11 ago. 2023; Steinmann, *Genesis*, p. 252, 266.

O cenário é o sul de Israel, por volta de dois mil anos antes de Jesus nascer. Os personagens principais são beduínos: moradores de tendas e pastores de ovelhas. A terra ao redor é vasta e acidentada. A história deles é um mosaico de várias camadas que tem início com o avô de Jacó.

Abraão era próspero em rebanhos e manadas, prata e ouro. Ele também era rico em fé, tão rico, de fato, que partiu de sua terra natal em busca de uma nova terra que serviria como o coração de uma nova nação.[5]

Sua fé gerou uma nova nação, mas não um novo bebê. Quando Deus disse a Abraão e sua esposa, Sara, que era chegada a hora de comprar um carrinho de criança e decorar seu próprio quarto de bebê, eles caíram na gargalhada. Abraão estava chegando aos cem anos de idade; ela estava perto dos noventa. A ideia de balançar um bebê sobre joelhos ossudos os deixou em convulsões de risos.[6] Ela fez uma piada sobre pais e filhos serem igualmente desdentados. Abraão concordou: "Vamos todos usar fraldas!". Ele caiu de cara no chão em uma crise de gargalhada e ela se contorceu em risadas.

A despeito disso, o bebê veio. Eles o chamaram de Risadas. Bem, não exatamente, mas poderiam ter feito isso, pois Isaque significa "rir",[7] prova de que, quando se trata de milagres, Deus ri por último.

Em seus anos derradeiros, Abraão decidiu encontrar uma esposa para Risadas. Ele enviou um servo de volta à sua terra natal para buscar "entre os meus parentes uma mulher para meu filho Isaque" (Gênesis 24:4). O servo orou para que Deus lhe concedesse sucesso. Ele mal disse "amém" quando ergueu os olhos e viu Rebeca, a futura esposa de Isaque. O servo buscou a bênção do pai de Rebeca e a permissão de seu irmão. O irmão se chamava Labão. Lembre-se desse nome. Em pouco tempo, ele ludibriará Jacó, que acabara de enganar seu pai, Isaque, e seu irmão, Esaú. Há muita malandragem nessa história.

Labão concedeu Rebeca ao servo.

---

[5] Gênesis 12:1-5.

[6] Gênesis 18:1-15.

[7] Dennis Prager, *Genesis: God, Creation, and Destruction*. Washington D.C.: Regnery Faith, 2019. p. 241. [Ed. bras.: *Gênesis: Deus, Criação e Destruição*. Rio de Janeiro: Thomas Nelson Brasil, 2013.]

O servo levou Rebeca a Isaque.

Isaque deu seu coração a Rebeca.

E Rebeca deu filhos gêmeos, Jacó e Esaú, a Isaque.

Houve tensão entre os irmãos desde o início. O útero de Rebeca parecia uma arena de gladiadores. "Os filhos lutavam no ventre dela" (Gênesis 25:22, ARA). A descrição em hebraico diz: "As crianças esmagavam-se dentro dela".[8] Certa vez, enquanto eles chutavam um ao outro, ela implorou a Deus por uma explicação. Ele respondeu o seguinte:

> Duas nações estão em seu ventre; já desde as suas entranhas dois povos se separarão; um deles será mais forte que o outro, mas o mais velho servirá ao mais novo. (Gênesis 25:23)

No antigo plano do clã, o filho mais velho herdava uma posição superior em relação ao mais novo. No entanto, no plano de Deus, Jacó venceria Esaú. *O mais velho servirá ao mais novo.* Se Deus não tivesse dito isso, Rebeca nunca teria imaginado.

> Ao chegar a época de dar à luz, confirmou-se que havia gêmeos em seu ventre. O primeiro a sair era ruivo, e todo o seu corpo era como um manto de pelos; por isso lhe deram o nome de Esaú. Depois saiu seu irmão, com a mão agarrada no calcanhar de Esaú; pelo que lhe deram o nome de Jacó. (Gênesis 25:24-26)

Esaú cresceu para se parecer com o cara no comando. Másculo, ruivo e peludo. Tão peludo que lhe deram o nome de Cabeludo ou, na língua materna, Esaú, que tem um significado também de alguém indomável, uma montanha-russa, algo adequado para um homem cuja vida estava destinada a ser cheia de altos e baixos.

---

[8] R. Kent Hughes, *Genesis: Beginning and Blessing*. Wheaton: Crossway, 2004. p. 333; James Strong, *The New Strong's Expanded Exhaustive Concordance of the Bible* (Nashville: Thomas Nelson, 2010), H7533 – *râtsats*, que significa esmagar, quebrar ou bater violentamente um contra o outro.

Esaú era um caçador. Ele tinha um armário cheio de equipamentos de camuflagem e dirigia uma caminhonete com tração nas quatro rodas, suporte de rifle, pneus para lama e um adesivo no para-choque que dizia "Natureza é vida". Ele nunca ficava tão feliz como quando estava explorando estradas de terra ou rastreando um cervo. Trilhas. Tralhas. Batalhas. Esse era o mundo de Esaú. "Risadas" o amava.

E Rebeca amava Jacó. Ele era mais preocupado com a aparência do que machão, mais intelectual do que atlético, mais introspectivo do que extrovertido, mais sábado na livraria do que fim de semana na praia. Jacó era, bem, deixe-me dizer, porque você vai ler em breve. Jacó era um filhinho de mamãe. "Jacó, porém, homem pacato, habitava em tendas. Isaque amava a Esaú, porque se saboreava de sua caça; Rebeca, porém, amava a Jacó" (Gênesis 25:27-28, ARA).

Essa era uma bela família. Irmãos que se posicionaram para a briga desde o útero. Pais que tinham seus filhos favoritos. Esaú e sua força, Jacó e seu cérebro. Disfunção em família. Um terapeuta poderia ter bancado a faculdade do próprio filho aconselhando essa prole.

Mesmo assim, os gêmeos poderiam ter convivido se não fosse pelo mencionado privilégio de primogenitura, que garantia regalias financeiras, preeminência no clã, o dobro da herança e todos os privilégios. Todavia, o mais significativo era isto: o primogênito de Isaque seria o próximo portador da aliança que Deus havia feito com Abraão, ou seja, Deus abençoaria o mundo por meio do descendente de Abraão — Jesus Cristo (veja Gênesis 12:3; Atos 3:24-26).[9]

Então, logicamente, deduziríamos que Jacó seria um cara especial, habitante do Santo Salão do Povo Santíssimo. Ele não deveria amar os pobres?

---

[9] O início do povo judeu está registrado em Gênesis 12:1-3. Abrão (mais tarde Abraão) ouviu Deus chamá-lo para deixar a Mesopotâmia para uma terra que, por fim, seria conhecida como Israel. Deus prometeu fazer um grande povo de Abrão, dar-lhe terras e abençoar todas as nações da terra por meio dele (ver Gênesis 18:17-18). Essa terceira bênção foi realizada em parte por meio de médicos, advogados, diplomatas e cientistas judeus que melhoraram nossas vidas. No entanto, no Novo Testamento, a bênção de Abraão recebe um nome: Jesus Cristo. Em um sermão sobre Jesus, Pedro declarou: "E vocês são herdeiros dos profetas e da aliança que Deus fez com os seus antepassados. Ele disse a Abraão: 'Por meio da sua descendência todos os povos da terra serão abençoados'. Tendo Deus ressuscitado o seu Servo, enviou-o primeiramente a vocês, para abençoá-los, convertendo cada um de vocês das suas maldades" (Atos 3:25-26).

Confortar os enfermos? Aconselhar os perturbados? Escrever provérbios? Compor alguns salmos? Nascer com um brilho cintilante? Alguém poderia pensar assim.

Mas ele não fez nada disso. Ele terá seus momentos. Mas não muitos. Ele vai nos inspirar, sim. Mas também vai nos confundir ainda mais. O currículo dele parecia ser mais de alguém que frequenta baladas do que de um aluno exemplar da Escola Bíblica Dominical. Ele se casou com duas irmãs, mas amou apenas uma. Ele permanecia passivo enquanto suas esposas brigavam. Ele dormia com as servas. Sua família adorava deuses estrangeiros. Ele optou por não fazer nada enquanto seus filhos saciavam a sede de vingança em uma aldeia, massacrando uma tribo inteira. Seu filho mais velho teve um caso com sua serva. Seu filho favorito foi vendido como escravo por seus irmãos. Ele passou duas décadas como fugitivo. Ele era um dissimulado incorrigível. O cara nunca pregou, profetizou ou disse algo que merecesse ser enaltecido ou imortalizado. Se você está procurando um protagonista para um filme dramático, Jacó não é a pessoa certa.

Se, por outro lado, você quer ver a fidelidade inabalável de Deus...

Se você precisa saber até quando Deus suportará um malandro e seus escândalos...

Se você está se perguntando se o plano de Deus tem lugar para malfeitores, trapalhões, conspiradores e aqueles que atiram uma moeda para escolher entre sua vontade e a vontade de Deus...

Se você puder beneficiar-se de uma história de fidelidade infinita, inflexível e inabalável de Deus...

Se você quer saber se Deus poderia usar uma pessoa cuja auréola caiu...

Então, a história de Jacó é aquilo de que você precisa.

Quando Deus quis se identificar para seu povo, declarou: "Eu sou o Deus de Abraão, Isaque e *Jacó*" (grifo meu).[10] Não apenas de Abraão e Isaque. Ele também é o Deus de Jacó. Deus usou Jacó apesar de Jacó. Ponto-final.

A palavra para essa fidelidade? *Graça*. A graça veio atrás de Jacó. A graça o encontrou no deserto. A graça o protegeu quando ele viveu no exílio. A

---

[10] Gênesis 50:24; Êxodo 3:15; Atos 7:32.

graça lutou com ele no chão em Jaboque e o abençoou. A graça o levou para casa, em Canaã.

A história de Jacó é um testemunho da bondade divina, inesperada, não solicitada e imerecida.

Você conhece tal graça?

Graça é Deus agindo como um grande marechal, guiando seu desfile cada vez maior de pessoas que um dia estiveram e aquelas que nunca saíram de prisões ou casas de reabilitação para dentro do seu palácio.

A graça de Deus não está disponível apenas aos domingos. Ele reivindica cada tique-taque do relógio.

A graça de Deus não é apenas tão boa quanto você é. A graça de Deus é tão boa quanto ele é.

A graça de Deus não é um amuleto da sorte em forma de crucifixo pendurado em um colar. A graça de Deus é capaz de transformar por completo as motivações que existem em seu coração.

> A graça de Deus não aconteceu
> uma vez,
> há muito tempo.
> A graça de Deus acontece
> agora,
> hoje... para qualquer um
> que orar a Deus.[11]

Sua graça nunca desiste.

Esse é o tipo de Deus que ele é — ele é o "Deus de Jacó". Nosso Deus é o Deus daqueles que lutam e se esforçam, às vezes mal conseguindo sobreviver, agarrando-se à vida com todas as forças.

---

[11] Trecho do poema "Grace", de Ann Weems (1934-2016), poeta e escritora americana conhecida por sua poesia religiosa e por sua abordagem contemporânea e acessível à espiritualidade cristã. (N. E.)

Então, se você está procurando por heróis condecorados das Escrituras, recomendo Daniel ou José. Se você deseja abrir o Mar Vermelho ou fazer fogo cair do céu, Moisés e Elias seriam mais do seu agrado.

No entanto, se os anos o deixaram com algumas cicatrizes, se o vigor em seus passos deu lugar a um andar manco, se você se pergunta honestamente se você é a causa perdida de Deus, então eu tenho a história certa para você.

DE PRÍNCIPE
A PÁRIA

Gênesis 27:1—28:5

CAPÍTULO 2

P ara entender a introdução deste capítulo, você precisa voltar a dias anteriores aos telefones celulares. Sim, houve uma época assim. Em tempos passados — não tão antigos quanto os de Noé nem tão recentes quanto as manchetes de hoje —, houve um segmento da história conhecido como a "era do telefone fixo".

Por mais difícil que seja para a geração do milênio e a geração Z acreditarem, os telefones nem sempre foram móveis. Eles não cabiam em bolsos ou bolsas. Eles não eram sem fio ou inteligentes. Os aparelhos eram conectados a cabos conectados a tomadas conectadas a linhas telefônicas.

É verdade. Caminhávamos para a escola todos os dias em tempestades de neve ofuscantes sem GPS para nos guiar ou aplicativos para nos entreter. Aqueles eram tempos primitivos.

O ano era 1973. Richard Nixon era o presidente dos Estados Unidos. O escândalo Watergate estava eclodindo, e eu morava em um dormitório universitário que era, para todos os efeitos práticos, isolado do mundo exterior. Só conseguíamos fazer ligações locais de nossos quartos. Para falar com alguém de outra cidade, tínhamos de usar o telefone público.

Isso não teria sido um problema, exceto pelo fato de que eu tinha uma queda por uma caloura que frequentava uma faculdade diferente que ficava a cerca de seis horas de distância. Para falar com ela, eu tinha de gastar dinheiro. Eu vejo a descrença em seu rosto. Seus olhos estão se arregalando a ponto de ficar do tamanho de moedas, e moedas eram exatamente aquilo de que eu precisava. Muitas moedas! Eu tinha muito pouco dinheiro, mas tive uma ideia. A ideia é a razão pela qual compartilho esta história.

Era possível debitar o valor da ligação na fatura telefônica de outra pessoa. A companhia telefônica permitia. Então, foi isso que eu fiz. Na fatura de quem eu debitaria a ligação? Dos meus pais? Eles nunca pagariam. Da garota? Não, a menina tinha tão pouco dinheiro quanto eu.

Eu debitava as chamadas de longa distância na conta de uma loja de aspiradores de pó. Aconteceu de ser um número que encontrei na lista telefônica. Eu conhecia o dono da loja? Não. Pedi permissão a ele? Não. Eu achava que estava fazendo algo desonesto?

Essa é uma boa pergunta. A verdade é que eu não estava pensando em nada. Meu cérebro de dezoito anos, subdesenvolvido, recém-saído da puberdade e envolto em uma névoa de amor, não queria esperar até economizar dinheiro suficiente. Eu queria somente ligar para ela!

Além disso, quem iria saber? *Estou usando um telefone público*, eu disse a mim mesmo. *Como alguém vai descobrir?*

Aqui está como. O dono da loja viu as cobranças em sua fatura e ligou para a companhia telefônica. A companhia telefônica viu o número que eu disquei e ligou. Eles perguntaram à garota que atendeu se conhecia alguém que pudesse estar ligando para ela de um telefone público no campus da Abilene Christian University.

"Ora, sim, eu conheço", respondeu ela, inocentemente. Pelo que ela presumiu, eu havia ganhado na loteria. Tão rápido quanto você pode dizer "Max, isso foi idiota", o diretor da residência universitária me fez uma visita. Eu, por minha vez, fiz uma visita ao gabinete do reitor, redigi um pedido de desculpas ao lojista, enviei um cheque à companhia telefônica e, cerca de cinquenta anos depois, usei a história para ilustrar a estupidez dos atalhos.

Foi isso que eu peguei: um atalho. Em vez de seguir o caminho honesto, responsável, ascendente e mais longo, escolhi o caminho largo, descendente e desonesto.

Assim você fez. E a mesma coisa fizeram todas as pessoas (exceto Jesus) que passaram a respirar e dar um passo na terra verde de Deus. "Pois todos pecaram [*pegaram atalhos*] e estão destituídos da glória de Deus" (Romanos 3:23). O texto entre colchetes é meu comentário. A escritura usa apenas a palavra *pecado*. Mas o pecado não é um atalho?

Quando Adão e Eva colheram o fruto, eles estavam pegando um atalho. Em vez de esperar que o Pai cumprisse suas promessas, por que não resolver o problema por conta própria?

Então eles pegaram a fruta.

Max pegou o telefone.

E você?

"Eu tenho que responder a isso?"

Não em voz alta. Mas podemos concordar que todos nós, às vezes, escolhemos o caminho mais rápido e fácil? Que o pecado, em sua raiz, é a falta de disposição de esperar? De confiar. De seguir o plano de Deus. Nós resolvemos os problemas com nossas próprias mãos.

Foi isso que Jacó fez.

Esaú, a montanha-russa, voltou da caça. Ele estava com a barriga vazia. Sentiu o cheiro da panela de feijão vermelho que Jacó estava mexendo sobre uma fogueira. O aroma do cozido de cebolas, alho e carne com uma bela textura fez sua boca salivar.

"Dê-me uma porção, Jacó."

O titular do calcanhar percebeu uma oportunidade. "O que ela vale para você?"

"Qualquer coisa. Estou desmaiando de fome."

"Qualquer coisa?"

"Diga seu preço. Você quer meu arco e flecha? Minha faca nova? O cabo dela é tão comprido quanto seu pé. É sua por uma tigela de ensopado."

Talvez nesse momento Jacó tenha visto sua mãe fazendo-lhe um aceno de cabeça. Pode ser que, a essa altura, Jacó tenha tido uma visão da árvore genealógica com seu nome.

"Eu quero a primogenitura."

"O direito de primogenitura?"

"Sim, o direito de primogenitura."

Esaú olhou para o feijão e pesou as opções. Após um ou dois breves pensamentos, ele selou seu destino com estas palavras: "Estou quase morrendo. De que me vale esse direito?" (Gênesis 25:32).

Esaú não teria morrido. Essa confusão não representava qualquer tipo de ameaça para ele. Ele era um caçador; ele teria sobrevivido. Era grande e musculoso, duas vezes mais forte que seu irmão. Ele poderia ter nocauteado Jacó com um soco e terminado a sopa antes que Jacó recuperasse os sentidos.

Mas, em vez disso, Esaú "desprezou o seu direito de filho mais velho" (Gênesis 25:34). O verbo traduzido como "desprezou" conota desdém ou descaso, "menosprezar algo como inútil".[1] O direito de primogenitura era protegido por lei. Um pai não poderia dá-lo a outro filho (Deuteronômio 21:15-17). O filho primogênito, no entanto, poderia concedê-lo ou vendê-lo. Foi isso que Esaú fez. A primogenitura era, até onde ele podia ver, um objeto intangível, invisível, presente em algum lugar. O feijão estava bem ali na sua frente. Então, ele concordou com a troca.

"Você sabe o que isso significa, Esaú?", explicou Jacó. "Quando papai morrer, eu ganharei o dobro do que você vai ganhar."

Esaú amarrou um guardanapo em volta do pescoço. "O dobro, sim. O dobro."

"Significa que eu serei o primeiro, não o segundo."

"Qualquer coisa que você disser. Onde está o sal?"

"Significa que a promessa que Deus fez ao vovô Abraão passará pelo meu lado da família."

"Entendi. Agora me dê uma tigela do ensopado!"

Não quero insistir muito no assunto, mas o irmão corpulento poderia facilmente ter segurado seu irmão gêmeo franzino e dito: "Saia da minha frente. Eu sou o primeiro em tudo, incluindo em relação a essa comida!" Mas ele não fez isso. Ele não queria o direito. Ele deixou Jacó tê-lo. Anos depois, Jacó seria chamado de Israel, e Israel acabou se tornando o pai das doze tribos. Um de seus filhos, Judá, gerou a linhagem que deu à luz o Leão de Judá, Jesus Cristo.

Esaú ficou com uma tigela de feijão e um legado como aquele que "por uma única refeição vendeu os seus direitos de herança como filho mais velho" (Hebreus 12:16). Esaú pegou um atalho.

---

[1] Eli Lizorkin-Eyzenberg, *The Hidden Story of Jacob: What We Can See in Hebrew That We Cannot See in English*. Jerusalém: Jewish Studies Press, 2020. p. 11.

DE PRÍNCIPE A PÁRIA

E Jacó? Não podemos deixar o irmão mais novo sair impunemente. É assim que se comportam os heróis de Deus? Conspirando? Coagindo?

Rebeca sabia que o mais velho serviria ao mais novo.[2] Certamente ela lhe dissera. O plano de Deus precisava do empurrão de Jacó? Claro que não. Ele poderia ter esperado que Deus agisse. *Ele deveria ter esperado.* Mas Rebeca e Jacó pegaram um atalho.

Ao virarmos a página para Gênesis 27, encontramos Isaque em seu leito de morte. Pelo menos ele pensava estar. A verdade é que Isaque não estava nem perto da morte. Aos 135 anos, ele viveria mais 45 anos (Gênesis 35:28).[3]

Quando Isaque ficou velho e seus olhos estavam tão fracos que não conseguia mais enxergar, chamou Esaú, seu filho mais velho, e lhe disse: "Meu filho".

"Aqui estou", respondeu ele.

Isaque disse: "Já estou velho e não sei o dia da minha morte. Pegue agora suas armas, o arco e a aljava, e vá ao campo caçar alguma coisa para mim. Prepare-me aquela comida saborosa que tanto aprecio e traga-me, para que eu a coma e o abençoe antes de morrer" (Gênesis 27:1-4).

Rebeca ouviu as instruções de Isaque e chamou Jacó para um canto. "Agora é a nossa chance", sussurrou a mulher. Ela disse a Jacó para preparar uma refeição saborosa e levá-la para Isaque.

Jacó resistiu. "Até mesmo um velho com olhos de catarata pode nos diferenciar." Então, Rebeca prometeu assumir a culpa se o plano falhasse.

---

[2] Romanos 9:12.

[3] Isaque tinha cerca de 135 anos quando abençoou Jacó (Gênesis 27). Isso pode ser determinado olhando nas Escrituras. Jacó tinha 130 anos quando entrou na terra do Egito (Gênesis 47:9). As Escrituras dizem que José, filho de Jacó, tinha 39 anos naquela época. Gênesis 41:46 nos diz que José tinha 30 anos quando entrou para o serviço de Faraó no Egito. Então, houve sete anos de festa e dois anos de fome antes de Jacó vir para o Egito (Gênesis 45:4-11). Também sabemos pelas Escrituras que Jacó trabalhou por 14 anos para ter duas esposas e depois teve José (Gênesis 29:20-28; 30:22-24). Então, 130 – 44 – 14 = 72. Em seguida, tirando mais alguns anos de folga para a gravidez, Jacó tinha cerca de 70 anos quando saiu de casa após a bênção. Também sabemos que Isaque tinha 60 anos quando Jacó nasceu (Gênesis 25:26). Isso faz com que Isaque tivesse 135 (mais ou menos) quando abençoou Jacó. Adaptado de: "How old was Isaac when he blessed Jacob in the Bible?". *Study.com*, [s.l.]. Disponível em: <https://homework.study.com/explanation/how-old-was-isaac-when-he-blessed-jacob-in-the-bible.html>. Acesso em: 12 ago. 2023.

Enquanto Esaú caçava, Rebeca e Jacó cozinharam um cordeiro e cortaram uma pele de cabra. Jacó colocou-a sobre os ombros e entrou na tenda de seu pai. A cabeça de Isaque tremia sob o peso de tantos anos. Rugas cobriam seu rosto.

Jacó alterou a voz para imitar o tom rouco do irmão: "Sou Esaú, seu filho mais velho. Fiz como o senhor me disse. Agora, assente-se e coma do que cacei para que me abençoe" (Gênesis 27:19).

Isaque caiu na artimanha.

> Que as nações o sirvam
> e os povos se curvem diante de você.
> Seja senhor dos seus irmãos,
> e curvem-se diante de você os filhos de sua mãe.
> (Gênesis 27:29)

Isaque, sem saber, coroou o filho errado.

Algum tempo depois, o irmão mais velho, Esaú, apareceu. Seguindo as instruções, ele preparou uma refeição para seu pai. Mas seu pai não estava mais com fome. E a bênção não estava mais disponível. Tanto Isaque como Esaú ficaram perplexos.

> Profundamente abalado, Isaque começou a tremer muito e disse: "Quem então apanhou a caça e a trouxe para mim? Acabei de comê-la antes de você entrar e a ele abençoei; e abençoado ele será!". Quando Esaú ouviu as palavras de seu pai, deu um forte grito e, cheio de amargura, implorou ao pai: "Abençoe também a mim, meu pai!". "Mas ele respondeu: "Seu irmão chegou astutamente e recebeu a bênção que pertencia a você". Esaú pediu ao pai: "Meu pai, o senhor tem apenas uma bênção? Abençoe-me também, meu pai!". Então chorou Esaú em alta voz. (Gênesis 27:33-35,38)

Você e eu enxergamos uma solução imediata para essa crise. Agarramos Jacó pela nuca e o arrastamos de volta para a tenda, onde Isaque pode *desabençoá-lo* e abençoar corretamente Esaú. Porém, por mais estranho que possa soar aos nossos ouvidos ocidentais, não funcionava assim. Uma

DE PRÍNCIPE A PÁRIA

bênção tinha um elemento vinculativo embutido. Era irreversível e irrevogável. Isaque poderia dar a Esaú uma herança adicional, mas Jacó já havia descontado o cheque.[4]

Eu teria esperado que Deus interrompesse a história a essa altura. Como um diretor insatisfeito com os atores, gritando: "Corta! Corta!" Jacó precisava de correção. A família precisava de direção. Mas Deus permitiu que os acontecimentos se desenrolassem.

Caso tenha perdido, deixe-me apontar algo. A graça acabou de entrar em cena. A família é uma bomba-relógio, a um passo de explodir. Os irmãos discutem. Os pais têm seus favoritos. No entanto, Deus se vinculou a eles.

Graça. A "divindade persistente" de Deus. Nós quebramos promessas, mas, ainda assim, Deus perdoa. Nós esquecemos compromissos, mas, ainda assim, Deus aparece. Nós nos afastamos dele, mas, ainda assim, Deus se volta para nós.

Isso não quer dizer que nossa rebeldia não tenha consequências. A relação entre os gêmeos desmoronou como um prédio em ruínas. "Esaú guardou rancor contra Jacó [...] E disse a si mesmo: [...] 'matarei meu irmão'" (Gênesis 27:41). Rebeca ouviu o juramento do irmão enganado, alertou Jacó e lhe disse para fugir enquanto ainda era possível. Jacó escapou. Rebeca e Jacó conseguiram o que queriam, mas a que custo! Claro, Jacó roubou a bênção, mas...

- sua família se desfez;
- ele estava sem um lar;
- ele teve de fugir para salvar a própria vida;
- seu irmão gêmeo queria matá-lo;
- ele havia traído a confiança de seu pai;
- e ele, tanto quanto sabemos, nunca mais voltou a ver sua mãe.

Ele perdeu toda a prosperidade que teria recebido do direito de primogenitura. Sem rebanhos, manadas ou posses. Sua vida se tornou um caos de

---

[4] "Isaque havia invocado Javé ao pronunciar sua bênção sobre Jacó (ver v. 27-8), e não se podia anular nenhuma palavra que invocasse a Deus." (Steinmann, *Genesis*, p. 270.)

tristeza e aflição. Da próxima vez que o virmos, ele usará uma pedra como travesseiro. Jacó foi de príncipe a pária em um único dia.

Tudo por ter pegado um atalho.

Tudo por não ter esperado.

E nós? Quais atalhos estamos tomando na vida? Deus prometeu nos dar tudo aquilo de que precisamos. Um Jardim do Éden de alegria, esperança, vida e amor serão nossos se pedirmos. Tudo o que precisamos fazer é esperar em Deus. Mas seu ritmo é tão lento! O tempo dele não está sincronizado com o nosso.

Então, nós cortamos o caminho. Nós trapaceamos, se não o dono da loja de aspiradores de pó, trapaceamos em exames, em impostos. Nós enganamos. Não com peles de cabra e um cordeiro, mas com mentiras, exageros e distorções. Exageramos nossas habilidades, inflamos os fatos, citamos nomes de pessoas importantes na conversa para obter vantagem e manipulamos o sistema.

"Deus quer que eu tenha este trabalho. Vou apenas exagerar no meu currículo."

"Deus quer que eu seja feliz. Encontrei a felicidade nos braços de uma mulher que não é minha esposa."

"Eu sei que Deus quer que eu fale a verdade. Mas, neste caso, a verdade vai me causar problemas. Uma pequena mentira não vai prejudicar ninguém."

Quantos atalhos foram justificados com a melhor das intenções?

Na sentença por seu papel no escândalo de suborno para admissões em faculdades em 2019, a atriz Lori Loughlin assim se dirigiu ao tribunal:

> Eu tomei uma decisão terrível. Concordei com um plano para dar às minhas filhas uma vantagem injusta no processo de admissão na faculdade. Ao fazer isso, ignorei minha intuição e me permiti ser desviada da minha bússola moral.
>
> Eu pensei que estava agindo por amor às minhas filhas, mas, na realidade, isso apenas minou e diminuiu as habilidades e conquistas delas.[5]

---

[5] Steve Helling, "Lori Loughlin Speaks Out After Receiving 2-Month Prison Sentence: 'I Made an Awful Decision.'" *People*, [s.l.], 21 ago. 2020. Disponível em: <people.com/crime/lori-loughlin-speaks-after-receiving-2-months-prison-sentence-i-made-an-awful-decision>. Acesso em: 12 ago. 2023.

Um atalho errado, mesmo que tomado pelas razões certas, sempre causa dor a alguém. É um labirinto cheio de armadilhas.

Não há atalhos com Deus. Nenhum. Zero. Ele não precisa do seu pé no acelerador. Ele não precisa da minha ajuda com seus planos. Se Deus quisesse que Jacó tivesse a bênção, Jacó teria a bênção. Rebeca não precisava conspirar. Jacó não precisava enganar. Se Deus quisesse que Jacó assumisse a primogenitura, teria providenciado as condições.

Tudo o que Rebeca e Jacó precisavam era fazer era a única coisa que achavam difícil: esperar no Senhor.

E você?

O que você está procurando? Precisando? Querendo?

Um cônjuge? Espere no Senhor.

Um novo trabalho? Espere no Senhor.

Seu marido voltar para casa? Uma grande oportunidade financeira aparecer? Sua carreira decolar? Seu negócio deslanchar? Se for esse o caso, aqui está o que você precisa saber: o tempo de Deus sempre está certo; seu plano é sempre o melhor. Sua vontade nunca inclui engano ou manipulação. Sua estratégia nunca destrói as pessoas ou exige concessões. Ele nunca atormenta, briga, menospreza ou machuca as pessoas. Se você está fazendo isso, então não está agindo conforme a vontade de Deus. Você pode pensar que ele é lento para agir, mas não é. Confie nele... e espere.

Mantenha a cabeça erguida, os joelhos dobrados, os olhos bem abertos. Espere no Senhor. Pegue a estrada estreita e o caminho de subida. Seja o funcionário que faz o trabalho, o aluno que estuda para a prova.

E pague por suas próprias ligações telefônicas. Se você não puder pagar a taxa, permaneça no seu quarto, faça sua lição de casa e fique longe de problema. Nunca se sabe. Você pode conhecer a garota dos seus sonhos ali mesmo no campus. Eu conheci. Eu estava a poucos semestres de encontrar o amor da minha vida. O verdadeiro amor, como aconteceu, estava a uma ligação local de distância.

ESCADAS QUE DESCEM DO CÉU

Gênesis 28:10-17

CAPÍTULO 3

Você teve ou terá momentos de profundo desespero. Você passa, ou passará, por momentos em que seus olhos verterão rios de lágrimas e seu coração se partirá em mil pedaços. Você fez, ou fará, longas caminhadas por trechos secos e estéreis que o deixarão exausto e isolado.

Você se sentirá privado de tudo o que valoriza. Você olhará em volta e não verá ninguém para confortá-lo. Você buscará forças, mas procurará em vão, pois as forças não virão.

Contudo, nesse momento desolador em que você se senta perto da lápide e chora, na mesa do bar e bebe, ou em seu quarto e suspira, Deus o encontrará. Você o sentirá e o verá como nunca.

Não se ressinta dos trechos áridos, pois na aridez encontramos Deus. Encontramos a presença de Deus. Jacó encontrou. E ninguém ficou mais surpreso que ele.

Numa única jogada, ele enganou seu irmão e seu pai idoso. Rebeca, a mãe dos gêmeos, viu a fúria de Esaú e correu para avisar Jacó: "Ele tem um olhar assassino. Não faça as malas. Não pegue uma capa. Não pare de correr e não olhe para trás". Montanha-russa estava no encalço de Calcanhar. Ela o mandou fugir para a terra de seu irmão Labão e lá permanecer até que Esaú se acalmasse.

Jacó fez exatamente isso. Ele pegou uma bolsa d'água, encheu um saco com figos e frutas e, com um último olhar para sua mãe, montou num camelo e fugiu. Ele partiu de Berseba para a Mesopotâmia (atual Turquia) e percorreu uma distância de 885 quilômetros.[1]

---

[1] John H. Walton, *Genesis: The NIV Application Commentary*. Grand Rapids: Zondervan, 2001. p. 570.

DEUS NÃO DESISTE DE VOCÊ

A vida estava em queda livre. Jacó abandonou uma mãe chorosa, um irmão furioso e um pai idoso e zangado. Ele não tinha rebanhos nem servos para servir a ele, nem guardas para protegê-lo, nem cozinheiros para preparar suas refeições, nem companheiros, nem recursos.

Nada.

Jacó crescera cercado de riqueza, incluindo servos, pastores e escravos. Seu avô "tinha enriquecido muito, tanto em gado como em prata e ouro" (Gênesis 13:2). Abraão e seu sobrinho Ló haviam sido tão abençoados que "não podiam morar os dois juntos na mesma região, porque possuíam tantos bens que a terra não podia sustentá-los" (Gênesis 13:6). Essa riqueza foi passada para o filho de Abraão. "O homem enriqueceu, e a sua riqueza continuou a aumentar, até que ficou riquíssimo. Possuía tantos rebanhos e servos que os filisteus o invejavam" (Gênesis 26:13,14).

Jacó era neto de um barão. O filho de um aristocrata. Se ele tivesse vivido hoje, teria sido criado em uma mansão, mimado por serviçais e educado nas melhores escolas. Ele tinha tudo o que precisava. E, então, de um momento para o outro, não tinha mais nada. Ele fugiu para não perder a vida. Súbita e completamente sozinho.

Nos primeiros dois dias, ele viajou 69 quilômetros de Berseba para Betel, uma terra árida que ficava cerca de 17 quilômetros ao norte de Jerusalém.[2] A terra por onde ele caminhava estava queimada e coberta de rochas, e era tão sombria quanto um terreno baldio.

Na tarde do segundo dia, quando o sol se pôs sobre uma aldeia chamada Luz, ele parou para pernoitar. Ele não entrou na cidade. Talvez seus ocupantes fossem pessoas perigosas. Talvez Jacó se sentisse inseguro. A razão pela qual ele parou próximo de Luz não nos é revelada. O que nos é informado é o seguinte: "Tomando uma das pedras dali, usou-a como travesseiro e deitou-se" (Gênesis 28:11).

Sem nem mesmo um saco de dormir para apoiar a cabeça, ele era a versão da Idade do Bronze do filho pródigo. O deserto era seu chiqueiro. Mas

---

[2] Donald Grey Barnhouse, *Genesis: A Devotional Exposition*. Grand Rapids: Zondervan, 1971. v. 2, p. 83.

o filho pródigo da parábola fez algo que Jacó não fez: "Caindo em si" (Lucas 15:17). Ele retornou à realidade. Ele olhou para os porcos que estava alimentando, considerou a vida que estava levando e decidiu: "Eu me porei a caminho e voltarei para meu pai" (Lucas 15:18).

Jacó, porém, não mostrou essa iniciativa. Ele não tomou nenhuma decisão, não deu indícios de nenhuma convicção de pecado, não demonstrou qualquer remorso. Jacó não orou, como Jonas, nem chorou, como Pedro. Na verdade, a falta de arrependimento de Jacó é o que torna a próxima cena uma das grandes histórias de graça na Bíblia.

A luz do dia tornou-se dourada. O sol baixou como um olho semicerrado. O laranja deu lugar ao ébano. As estrelas começaram a cintilar. Jacó cochilou e, em sonho, ele viu:

> E teve um sonho no qual viu uma escada apoiada na terra; o seu topo alcançava os céus, e os anjos de Deus subiam e desciam por ela. Ao lado dele estava o Senhor. (Gênesis 28:12,13)

Um zigurate cobria a distância entre o estéril leito de terra emprestado de Jacó e a morada mais elevada e sagrada do céu. A escada fervilhava de atividade: anjos subindo, anjos descendo. O movimento deles era uma onda de luzes, para frente e para trás, para cima e para baixo. A forma de Jacó responder em hebraico indica braços levantados e boca aberta. Uma tradução direta seria: "Lá, uma escada! Oh, anjos! E olhe, o *Senhor em pessoa*!" (v. 16).[3]

Quando Jacó acordou, deu-se conta de que não estava sozinho. Ele se sentira sozinho. Ele presumira estar sozinho. Ele parecia estar sozinho. Mas, na verdade, estava cercado por augustos cidadãos do céu!

Nós também.

Milhões de poderosos seres espirituais caminham na terra ao nosso redor. Mais de oitenta mil anjos estavam prontos para vir em auxílio de

---

[3] R. Kent Hughes, *Genesis*, p. 359.

Cristo.[4] A Escritura fala de "milhares de milhares de anjos em alegre reunião" (Hebreus 12:22). Quando João, o apóstolo, teve um vislumbre do céu, ele viu "milhares de milhares e milhões de milhões" (Apocalipse 5:11). Você consegue fazer os cálculos? Eu também não. Os anjos são para o céu o que as estrelas são para o universo. Demais para contar!

Qual é a tarefa deles? "Os anjos não são, todos eles, espíritos ministradores enviados para servir aqueles que hão de herdar a salvação?" (Hebreus 1:14). Não há um avião em que você viaje ou uma sala de aula em que você entre que não sejam precedidos e cercados pelos poderosos servos de Deus. "Deus mandará que os anjos dele cuidem de você para protegê-lo aonde quer que você for" (Salmos 91:11, NTLH).

Sheila Walsh experimentou a promessa contida nesse salmo. Aos 34 anos, ela se internou em um hospital psiquiátrico. Ninguém teria suspeitado de que havia algo errado. No dia anterior, ela havia apresentado um programa de TV em rede nacional com boa audiência. No entanto, uma tempestade estava ocorrendo em seu íntimo.

Por fim, Sheila seria diagnosticada como vítima de depressão e Transtorno de Estresse Pós-Traumático (TEPT). Mas, na primeira noite, ninguém sabia o que havia de errado. A equipe do hospital colocou Sheila sob observação de suicídio. Sheila tinha todas as razões para se sentir completamente sozinha. Contudo, ela não estava.

Nas primeiras horas da manhã do segundo dia, Sheila notou que outra pessoa havia entrado em seu quarto. Ela havia ficado sentada por horas a fio, com a cabeça enterrada no colo. Ao perceber a presença do visitante, ergueu o olhar. O visitante era parte da equipe de observação de suicídio, presumiu ela. No entanto, havia algo diferente. Ele era um homem forte com olhos ternos. Enquanto sua mente tentava processar quem poderia ser aquele homem, ele colocou algo em suas mãos — um pequeno brinquedo de pelúcia: um cordeiro. E lhe disse: "Sheila, o Pastor sabe onde te encontrar". Após dizer essas palavras, seu convidado se foi.

---

[4] "Você acha que eu não posso pedir a meu Pai, e ele não colocaria imediatamente à minha disposição mais de doze legiões de anjos?" (Mateus 26:53).

Deus havia enviado um anjo para ela.

Por volta das seis da manhã, Sheila acordou com o som dos enfermeiros entrando em seu quarto. Ela havia adormecido no chão. Lá, aos pés de sua cadeira dobrável, estava o cordeiro que o homem tinha entregado, horas antes.[5]

Jacó não ganhou um cordeiro, mas recebeu conforto do céu. A mensagem da visão não poderia ser mais clara: quando atingimos nosso ponto mais baixo, Deus está cuidando de nós do mais alto. Entre nós, estende-se um canal de graça através do qual mensageiros realizam sua vontade.

Esses anjos levam nossas orações à presença de Deus. Na visão do apóstolo João, ele viu "outro anjo, que trazia um incensário de ouro, aproximou-se e ficou em pé junto ao altar. A ele foi dado muito incenso para oferecer com as orações de todos os santos sobre o altar de ouro diante do trono. E da mão do anjo subiu diante de Deus a fumaça do incenso com as orações dos santos" (Apocalipse 8:3-4).

Quando Deus ouve nossas petições, responde com um trovão! "Então o anjo pegou o incensário, encheu-o com fogo do altar e lançou-o sobre a terra; e houve trovões, vozes, relâmpagos e um terremoto" (Apocalipse 8:5).

Nossas orações têm impacto termostático sobre as ações do céu.

Mães, quando vocês oram por seus filhos...

Maridos, quando vocês rogam pela cura em seu casamento...

Filhos, quando vocês se ajoelham na cama antes de dormir...

Cidadãos, quando vocês oram por seu país...

Pastores, quando vocês intercedem pelos membros de sua igreja...

Suas orações desencadeiam a ascensão dos anjos e a chuva de poder!

Jacó viu atividade celestial. Alguém pode se perguntar por que Deus retiraria o véu e mostraria a Jacó as hostes que o cercavam. Afinal, Jacó não havia buscado Deus. No entanto, o que Jacó viu dificilmente se compara ao que Jacó ouviu. Você esperaria um sermão ou uma repreensão divina. Entretanto, Deus deu a Jacó algo totalmente diferente. Deus disse a Jacó que

---

[5] Adaptado de: Jack Graham, *Angels: Who They Are, What They Do, and Why It Matters.* Minneapolis: Bethany House, 2016. p. 111-12.

faria dele e de seus descendentes um grande povo que cobriria a terra. Apesar do engano e dos atalhos de Jacó, Deus repetiu a ele a bênção que dera a Abraão e Isaque: "Estou com você e cuidarei de você, aonde quer que vá; e eu o trarei de volta a esta terra. Não o deixarei enquanto não fizer o que lhe prometi" (Gênesis 28:15). O fugitivo não havia sido abandonado. O trapaceiro não havia sido deixado de lado. Deus se comprometeu a cuidar de Jacó por toda a vida.

Mais uma vez, podemos nos perguntar por que Deus escolheu abençoar Jacó. Ele fez algo para merecer essa bênção? A resposta é não. Na verdade, até então, as ações de Jacó haviam sido bastante desonrosas. Ele mostrara pouca integridade, enganara seu irmão e manipulara situações a seu favor. Não há evidências de que Jacó tenha orado, tido fé ou buscado sinceramente a Deus.

Mesmo assim, Deus encharcou seu fugitivo indigno com uma cascata de bondade inesperada.

Deus não se afastou de quem se afastou dele. Ele foi fiel. Ele ainda é. "Se somos infiéis, ele permanece fiel" (2Timóteo 2:13).

Se você perguntar ao meu amigo William, ele diria que teve muitas vantagens na vida. Ele cresceu em um lar amoroso, com pais maravilhosos, jogou golfe pela prestigiada Wake Forest University e concluiu seu mestrado em Administração em tempo recorde, com um desempenho acadêmico excepcional.

Não obstante, ele bebia demais. Ele experimentou drogas e violou as regras da equipe. Sua bolsa de estudos corria perigo. Seu futuro era incerto. William entrou em uma espiral de desespero. Ele estava prestes a perder tudo quando Deus falou com ele. (William fez uma pausa enquanto me contava essa história. "Não sou volúvel, Max. Fui criado como presbiteriano. Nossa ideia sobre o que significa ser carismático corresponde a levantar uma mão.")

No entanto, Deus falou com ele de uma forma tão vívida quanto a maneira como Deus falou com Jacó. William estava sozinho em uma trilha no meio da floresta quando viu Jesus. "Tudo o que você ouviu sobre mim é verdade", disse o Salvador. "Eu estou aqui. Eu te amo. É hora de você voltar para casa."

E William fez isso. Ele trocou de grupo de amigos e encontrou um mentor espiritual. Por fim, ele mudou sua área de estudo de Administração para Teologia. Ele seguiu servindo por décadas como ministro e agora dirige uma organização que atende a igrejas e organizações sem fins lucrativos em todo o mundo.

O que Deus fez por Jacó, Deus fez por William. Deus o procurou e o chamou.

Ele fez o mesmo por Matthew. Compartilho essa história com sua permissão, mas sem usar seu nome verdadeiro. Sua luta envolve pornografia e ele não deseja correr o risco de envergonhar sua família.

No entanto, ele está ansioso para enaltecer a bondade de Deus. Matthew era profundamente viciado em pornografia, e tinha acesso a produtos pornográficos por diversos meios, como internet, revistas e lojas especializadas no assunto. O apelo viciante da pornografia era tão forte que Matthew achava impossível superá-lo ou resistir a ele.

Seu "momento escada de Jacó" aconteceu enquanto ele caminhava por uma rua movimentada depois de passar a tarde em um clube de striptease. Ele se sentiu sobrecarregado pelo remorso advindo de suas falhas e de seus pecados reiterados, como se fosse uma presa impotente capturada em uma rede. Murmurando para si mesmo, ele disse: "Senhor, não mereço sua graça mais uma vez".

Mas, então, Deus falou com ele em seus pensamentos: "É claro que você não a merece, por isso eu a chamo de graça. Meu filho, você está perdoado. Eu o perdoei na primeira vez que você me pediu, e eu o perdoarei na última".

Naquele momento, Matthew finalmente compreendeu o significado do versículo "a bondade de Deus o leva ao arrependimento" (Romanos 2:4). Daquele dia em diante, Matthew experimentou um novo começo.

A graça faz isso. Ela persegue. Persiste. Aparece e se manifesta. Em nossos sonhos. Em nosso desespero. Em nossa culpa. A graça é Deus em movimento dizendo: "Estou com você e cuidarei de você, aonde quer que vá; e eu o trarei de volta a esta terra. Não o deixarei enquanto não fizer o que lhe prometi" (Gênesis 28:15).

Extraordinário, não acham? Jacó certamente se sentia assim. "Quando Jacó acordou do sono, disse: 'Sem dúvida o Senhor está neste lugar, mas eu não sabia!'" (Gênesis 28:16).

Quantas pessoas poderiam dizer o mesmo? O Senhor está neste lugar, mas elas não sabem. Elas não estão familiarizadas com o Deus que nos encontra. Elas acreditam em um Deus que criou o mundo, mas não em um Deus que se envolve no mundo. Um Deus que fez o universo, mas não um Deus que faz diferença no dia a dia. Um Deus que começou tudo, mas não um Deus que caminha no meio de tudo. São ateus cristãos.

Sua fé é manca porque elas não reconhecem a presença de Deus.

Deus estava — está! — falando com você. Convidando-o a olhar para cima, a se apoiar nele. É ele! De pé no topo da escada. Enviando anjos para ajudá-lo, recebendo os anjos que entregam suas orações.

Não acredita em mim? Você acha que o convite para uma conexão direta com Deus foi dado apenas a um patriarca no deserto de Berseba? Então, vá até o Evangelho de João e ouça o que Jesus diz tanto para você como para mim: "Digo a verdade: Vocês verão o céu aberto e os anjos de Deus subindo e descendo sobre o Filho do homem" (João 1:51). Sua escada para o céu não é uma visão, mas uma pessoa. Jesus é a nossa escada.

Ele se autodenomina o "Filho do Homem", um título que se refere à sua preexistência. É usado oitenta e duas vezes nos Evangelhos e, em oitenta e uma dessas ocasiões, foram ditas pelo próprio Jesus.[6] Ele está, em essência, anunciando: "Eu sou aquele sobre quem os anjos sobem e descem. Eu sou o veículo de bênção para o mundo".

Cristo, nosso intermediário, está em todos os lugares, a todo momento, igualmente presente com o Pai para ouvir nossas orações, como está com o Espírito para responder a elas. "Pois há um só Deus e um só mediador entre Deus e os homens: o homem Cristo Jesus" (1Timóteo 2:5). Ele está nas duas pontas da escada: Jeová no topo e Jeová na base.

---

[6] R. Kent Hughes, *Genesis*, p. 361.

Ele é o canal pelo qual as bênçãos chegam e por meio do qual as orações sobem. Ele é o intermediário entre você e Deus. A questão não é "Ele está ativo?". A pergunta é: "Estamos prestando atenção?".

Jacó estava longe de sua família, fugindo de seu irmão, vítima de sua própria tolice. O abutre que bicava sua alegria foi criado em seu próprio ninho. Ele estava sem dinheiro e sem lar, sem nem mesmo um cobertor para sua cabeça. Ele pensou que havia perdido tudo, mas, na realidade, havia encontrado tudo. Ele encontrou um Pai celestial que o encontrou primeiro.

Jacó respondeu de forma admirável. "Na manhã seguinte, Jacó pegou a pedra que tinha usado como travesseiro, colocou-a em pé como coluna e derramou óleo sobre o seu topo. E deu o nome de Betel [casa de Deus] àquele lugar" (Gênesis 28:18,19).

Jacó transformou seu travesseiro em um pilar e renomeou o lugar de sua dor. O travesseiro de pedra, símbolo de tudo o que lhe faltava, tornou-se um pilar sagrado, um memorial de tudo o que ele encontrou. A terra estéril e desolada tornou-se um lugar de Deus, não mais apenas um deserto varrido pelo vento.

Qual é sua versão de um travesseiro de pedra? O que o faz lembrar-se dos erros que cometeu, das coisas que perdeu? Uma sentença de divórcio? Uma lápide? A foto dos filhos que se esqueceram de você?

Qual é sua versão de um deserto? Uma casa vazia? Um quarto de hospital? Uma planilha de Excel cheia de contas não pagas?

A promessa de Jacó e Betel é esta: o Senhor está no deserto, no desespero, na miséria, na bagunça e no caos, e nos corações partidos. Deus encontrará você nesse ponto de parada indesejado e inesperado. Com a ajuda dele, seu travesseiro se tornará um pilar; sua terra estéril se tornará um lugar de adoração. Deus falará, os anjos virão e, em breve, você declarará: "O Senhor está neste lugar, mas eu não sabia!".

SEM TOMA LÁ DÁ CÁ

Gênesis 28:20-22

CAPÍTULO 4

Deus não havia cumprido sua parte no acordo. Resume-se a isso. Ele não havia cumprido a parte dele do acordo.

E eu estava chateado por isso. Eu havia feito o que havia prometido. Mas e Deus? Os Céus não poderiam afirmar o mesmo.

Então, era hora de um acerto de contas, de uma retaliação. A hora havia chegado para que eu expressasse minha queixa. Foi exatamente o que fiz. Em uma noite fria de dezembro de 1985, dirigi até a vasta pradaria do oeste do Texas e estacionei o carro Chevrolet do meu pai ao lado de uma bomba de petróleo. Naquela época, eu não morava no Texas. Eu morava no Rio de Janeiro, Brasil. Não obstante, fui criado no Texas. Meu pai fez carreira nos campos de petróleo. Ele e o Brasil foram os termos do meu acordo com Deus.

Eu iria para o Brasil e, por sua vez, Deus curaria meu pai. Simples assim. Meu pai foi diagnosticado com ELA (Esclerose Lateral Amiotrófica) em 1982. Denalyn e eu estávamos planejando nos mudar para o Rio em 1983. Após esse diagnóstico, oferecemo-nos a abandonar nossos planos e ficar perto dele. Ele não aceitou. Em uma carta que guardo com carinho, ele nos disse: "Não tenho medo da morte nem da eternidade. Apenas sigam em frente e agradem a Deus".

Antes de irmos, Deus e eu chegamos a um entendimento. Minha família e eu abdicaríamos de dias preciosos com papai e, em troca, Deus faria o que os médicos não podiam fazer: ele curaria meu pai. O resultado seria um testemunho marcante: "Deus cura o pai do missionário sacrificial". Papai desfrutaria uma saúde restaurada. A igreja teria uma história para contar pelas próximas décadas. Que vitória para o reino!

Havia apenas um problema. A condição do meu pai não melhorou. Piorou. Fomos chamados de volta ao Texas em uma licença de emergência.

Corremos para o hospital e o encontramos intubado e fraco. Passei o dia na sala de espera da UTI, interiormente angustiado.

Naquela noite, fui ao campo de petróleo, pisei de um lado para o outro no terreno plano e de cascalhos e apresentei minhas queixas.

"Eu não fui para o Brasil?"

Silêncio.

"Eu não mudei minha família de país?"

Silêncio.

"Eu não fiz o que disse que faria?"

Silêncio.

"Então por que você não cura meu pai?"

Silêncio.

Deus não falou. E, ainda assim, eu sabia por quê. O acordo era uma criação da minha imaginação. Tinha apenas uma assinatura. E revelava um mal-entendido meu em relação a Deus.

Jacó sofria do mesmo equívoco.

Quando o deixamos pela última vez, ele estava com os olhos arregalados por causa de um momento bastante místico. Ele vira o invisível. Tivera o privilégio de espiar o portal sagrado entre os reinos. Degraus de pedra conectavam o céu com a terra. Anjos subiam e desciam por eles. Deus, lá de cima, prometeu a Jacó que ele continuaria a receber as mesmas bênçãos que Abraão e Isaque haviam recebido.

Jacó teve uma teofania que lhe proporcionou uma epifania: "Deus esteve neste lugar". Ele vivenciou um misto de terror e adoração. Transformou seu travesseiro em um pilar, ungiu-o com óleo e chamou a terra estéril de "Casa de Deus".

Esperávamos que esse encontro o transformasse, fazendo-o perceber suas falhas. Esse certamente foi o caso de outras pessoas nas Escrituras que tiveram um encontro face a face com o Todo-Poderoso.

Deus falou com Isaías em uma visão semelhante à de Jacó. O momento levou Isaías a clamar: "Ai de mim! Estou perdido! Pois sou um homem de lábios impuros e vivo no meio de um povo de lábios impuros; os meus olhos viram o Rei, o Senhor dos Exércitos!" (Isaías 6:5).

Quando Pedro testemunhou Cristo realizando um milagre no Mar da Galileia, percebeu a divindade de Jesus. Ele caiu aos pés de Jesus e declarou: "Afasta-te de mim, Senhor, porque sou um homem pecador!" (Lucas 5:8).

A cortina do céu foi levantada o suficiente para que João testemunhasse vinte e quatro anciãos e quatro seres viventes adorando a Deus. O apóstolo ficou tão emocionado que se voltou para o anjo e caiu "aos seus pés para adorá-lo, mas ele [o anjo] me disse: 'Não faça isso! [...] Adore a Deus!'" (Apocalipse 19:10).

Isaías ficou transtornado. Pedro ficou impressionado. João foi tomado por um profundo desejo de adoração. Esperávamos que Jacó tivesse uma experiência semelhante. Todavia, infelizmente, qualquer reverência que ele pudesse ter sentido logo se evaporou, e ele começou a negociar com Deus.

> Então Jacó fez um voto, dizendo: "Se Deus estiver comigo, cuidar de mim nesta viagem que estou fazendo, prover-me de comida e roupa, e levar-me de volta em segurança à casa de meu pai, então o Senhor será o meu Deus. E esta pedra que hoje coloquei como coluna servirá de santuário de Deus; e de tudo o que me deres certamente te darei o dízimo". (Gênesis 28:20-22)

Você vê a linguagem da negociação? "Se você quiser... então eu vou..." Se você, Deus, quiser...

> estar comigo, cuidar de mim, me alimentar,
> me vestir,
> me levar de volta à casa do meu pai,
> então eu, Jacó, vou...

> declarar você como meu Deus,
> construir uma casa de adoração para você,
> dar-lhe um décimo de tudo o que você me der.

Jacó barganhou. Em vez de receber a bênção e ser grato, o caçador de cambalachos negociou os pontos chave de um contrato. Ele falou com Deus da mesma forma que falaria com um negociante de camelos. Ele propôs um contrato. Uma transação. Um acordo.

Outros fizeram algo semelhante. Abraão suplicou a Deus para poupar Sodoma se houvesse dez justos (Gênesis 18:32). Ana prometeu consagrar seu filho se Deus lhe desse um (1Samuel 1:11). Não, Jacó não foi o primeiro a negociar com Deus. No entanto, ele foi além de Abraão e Ana. Sua crença em Deus dependia da proteção que Deus lhe daria. *Alimente-me, cuide de mim*, então *eu te declararei como meu Deus*.

Há alguns dias, encontrei-me com um jovem casal cujo pequeno filho havia sido gravemente ferido em um acidente de carro. Quando os visitei no hospital, a criança estava sendo mantida viva com a ajuda de equipamentos e tratamento médico. Enquanto conversávamos do lado de fora da UTI, vi não tristeza em seus olhos, mas raiva. Raiva de Deus.

"Se ele levar meu filho", disse o jovem pai, "nunca mais acreditarei nele".

A esposa assentiu com os lábios franzidos e os punhos cerrados.

Quem pode julgar sua tristeza? No entanto, quem somos nós para fazer uma declaração como essa? Ousamos condicionar nossa crença à resposta de Deus às nossas orações?

Um termo apropriado a isso poderia ser *teologia transacional*. A teologia transacional pressupõe que nos encontramos com Deus em termos iguais. *Ele tem o que eu quero. Eu tenho o que ele quer.* Assim chegamos a um acordo.

"Se você curar meu pai, eu me mudo para o Rio."

"Se você me ajudar nesta entrevista, serei gentil com meu marido."

"Se você me tirar da prisão, serei um pregador."

"Se você fizer isso, eu farei aquilo."

Podemos realmente negociar com Deus? Quais são os fundamentos ou bases para tal negociação?

A. W. Tozer escreveu: "Deixados a nós mesmos, tendemos imediatamente a reduzir Deus a termos administráveis. Queremos levá-lo para onde possamos usá-lo, ou pelo menos saber onde ele estará quando precisarmos dele. Queremos um Deus que, em certa medida, possamos controlar".[1]

Sempre que sugerimos que controlamos os dividendos espirituais de Deus, que Deus é um gênio que espera nosso esfregão na lâmpada, que Deus é um caixa eletrônico que distribui bondade se inserirmos a senha correta, que Deus é uma fada do céu que tem a obrigação de fazer o que quisermos porque fizemos um acordo com ele, estamos beirando a heresia. Trocamos um Deus transcendente a quem prestamos contas por um Deus dependente que presta contas a nós.

O resultado de uma fé transacional?

Desilusão. Quantas vezes você já ouviu alguém dizer algo como "Eu desisti de Deus há anos. Meu filho estava doente, então eu clamei: 'Deus, se você está aí em cima, por favor cure meu filho'. Nenhuma cura. Então, para mim, Deus não existe".

Quantas pessoas protagonizaram sua versão pessoal de um campo de petróleo do oeste do Texas, olhando para o céu escuro da noite e exigindo: "Por que você não faz a sua parte?". Quantas pessoas reduziram Deus a uma divindade de bolso? Quantas pessoas perderam um relacionamento vibrante e vivificante com nosso grande Pai porque sua visão dele é pequena e sua visão de si mesmo é inflada?

Que fique bem claro e compreendido profundamente: não há troca de favores com Deus. Ele não é um vendedor ambulante no mercado de pulgas. Não há "toma lá dá cá", "isso por aquilo", nossa parte em troca da parte de Deus.

A Escritura rebate a teologia transacional com a seguinte mensagem: Deus gosta de nós, mas não é como nós. Jesus nos ensinou a orar: "Pai nosso, que estás nos céus! Santificado seja o teu nome" (Mateus 6:9). A palavra raiz para *santificado* é *hagios*, de onde derivamos as palavras *sagrado* e *santidade*.

---

[1] A. W. Tozer, *The Knowledge of the Holy*. New York: HarperCollins, 1961. p. 8. [Ed. bras.: *O conhecimento do santo*. Americana: Impacto, 2018.]

Ela traz consigo o significado de "único, diferente, separado".[2] Repito: Deus gosta de você, mas ele não é como você.

> A gravidade não o puxa.
>
> A dor não o aflige.
>
> A economia não o afeta.
>
> O tempo não o preocupa.
>
> As eleições não o definem.
>
> As doenças não o infectam.
>
> A morte não pode reivindicá-lo.

Ele está acima de tudo isso!

Ele é "o Altíssimo sobre toda a terra" (Salmos 83:18). A terra é o estrado de seus pés (veja Isaías 66:1). Nosso mundo cabe no bolso dele. Nosso universo poderia estar na palma de sua mão. Ele é santo. Ele enche o céu e a terra como o oceano enche o balde que nele está submerso. Deus não está contido. Ele contém.

Deus é para nós o que meu irmão e eu éramos para nosso formigueiro artificial. Meu irmão o construiu como um projeto de ciências do Ensino Médio. Era um dispositivo simples: duas placas transparentes de plástico separadas por dois centímetros e meio de terra. Os painéis tinham um metro quadrado de tamanho e a terra era povoada por formigas. Eram criaturinhas ocupadas: cavando túneis, correndo por seu labirinto de câmaras e cavernas.

Embora soubéssemos tudo a respeito delas, elas estavam completamente alheias à nossa existência. Tanto quanto elas sabiam, todo o universo consistia em um metro quadrado de terra.

O que era fácil para mim era impossível para elas. Eu podia sair pedalando com minha bicicleta pelo quarteirão. Eu podia jogar bola com meus amigos. Eu era apenas um aluno do quarto ano, mas, em comparação às formigas, eu era "o Altíssimo".

---

[2] William Edwy Vine, *Vine's Complete Expository Dictionary of Old and New Testament Words.* Nashville: Thomas Nelson, 1985. p. 307.

Imagine minha surpresa quando uma das formigas tentou fazer um acordo comigo.

Certa noite, quando eu estava terminando o dever de casa do quarto ano, ouvi uma voz aguda e esganiçada.

"Max."

Desviei o olhar do meu livro e vi o menor dos insetos parado em uma partícula de terra ainda menor.

"Max", repetiu ela, "quero fazer uma troca com você!".

Olhei ao redor para ter certeza de que meu irmão não estava pregando uma peça. Ele não estava. Esse foi um grito legítimo de um morador do formigueiro artificial.

"O que você quer dizer?", retruquei.

"Quero ser promovida à condição de rainha do formigueiro. Você faz isso acontecer para mim, e eu vou te dar esse pedaço de terra."

Ela apontou para a mancha na qual estava de pé.

"Eu não quero a sua terra", contestei.

"Tudo bem!", rebateu ela. "Vou te dar uma migalha de pão."

"Não quero sua migalha de pão", respondi. "Além disso, para início de conversa, eu dei a você a migalha."

Isso continuou por vários minutos. Ela até me prometeu férias em seu condomínio de dois quartos no túnel de formigas. Por fim, eu disse a ela para parar de me incomodar. "Você não entende. Você não tem nada de que eu preciso. Eu tenho tudo de que você precisa. Seu formigueiro existe porque eu quis que existisse."

Ela se afastou bufando. "Eu não acredito mais em Max!"

Ela se tornou uma *formiga ateia*.

Tudo bem, a história é exagerada. Mas o ponto não é.

Deus, em um grau infinitamente maior, é "mais elevado" do que nós. Nosso planeta é apenas um formigueiro. As profundezas da terra nada mais são do que rugas nas mãos de Deus. A montanha mais alta é menor que seu dedo mínimo. "Ele não é intercambiável com nenhuma criatura no céu ou na terra, nem se assemelha a qualquer produto da imaginação humana. Ele é soberano, e seu nome é santo acima de qualquer outro nome, e não deve ser nomeado com nenhum outro ao mesmo tempo."[3]

Nada prejudica mais o desenvolvimento espiritual do que uma visão transacional. Se você e eu acharmos que ele é insignificante o suficiente para precisar de nossa ajuda, logo abandonaremos nossa busca por ele. Se, por outro lado, virmos Deus como ele realmente é, santo e sublime, transcendente e resplandecente, passaremos a vida inteira fazendo o que faremos na eternidade: explorando a beleza e as riquezas de nosso Pai celestial.

> Aqui está a realidade: a maioria das pessoas que sente raiva de Deus está com raiva dele por ser Deus. Elas não estão com raiva porque ele falhou em entregar o que *ele* prometeu. Elas estão com raiva porque ele falhou em entregar o que *elas* ansiaram, esperaram ou exigiram. Quando o temor de si mesmo substitui o temor de Deus, Deus deixa de ser seu Senhor e se reduz a ser seu servo contratado.[4]

Deus não existe para nós. Nós existimos para Deus! Deus não existe para engrandecer Max. Max existe para engrandecer a Deus.

Com isso em mente, podemos reconhecer a tolice de pensar que temos algo a oferecer a Deus que ele não tem?

Somos capazes de aplaudir a impressionante e surpreendente paciência de Deus? Jacó pensou que sua lealdade era tão valiosa que Deus cumpriria seus termos para recebê-la. Achei que meu serviço como missionário era estratégico o suficiente para ser trocado por uma cura sobrenatural.

Autoexaltação monstruosa.

No entanto, Deus respondeu com graça. Uma graça descrita pelo salmista:

---

[3] Karl Barth, *Church Dogmatics*. 2. ed. Edinburgh: T & T Clark, 1957. v. 2, p. 685. [Ed. bras.: *Dogmática eclesiástica*. São Paulo: Fonte Editorial, 2019.]

[4] Paul David Tripp, *Awe: Why It Matters for Everything We Think, Say, and Do*. Wheaton: Crossway, 2015. p. 73.

SEM TOMA LÁ DÁ CÁ

O SENHOR é compassivo e misericordioso,
mui paciente e cheio de amor.
Não acusa sem cessar
nem fica ressentido para sempre;
não nos trata conforme os nossos pecados
nem nos retribui conforme as nossas iniquidades.
Pois como os céus se elevam acima da terra,
assim é grande o seu amor para com os que o temem;
e como o Oriente está longe do Ocidente,
assim ele afasta para longe de nós as nossas transgressões.
Como um pai tem compaixão de seus filhos,
assim o Senhor tem compaixão dos que o temem;
pois ele sabe do que somos formados;
lembra-se de que somos pó.
(Salmos 103:8-14)

Para ser claro, Deus ouve nossas orações. Porém, não se deixa abater por nossas súplicas. Eu estava certo em orar por meu pai. Você é obediente quando pede ajuda. Mas, por favor, tenha cuidado. Orar não é pedir a Deus que faça o que você quer; é confiar em Deus para fazer o que é melhor. Deus nos ama tanto que assumiu a forma humana e se tornou um de nós. Ele assumiu pés, mãos e olhos. Ele até mesmo se permitiu ser morto por sua criação. Ele não é afastado por nossos pedidos. Mas ele não será reduzido a um Deus de toma lá, dá cá.

Ele é muito grande, enquanto nós somos muito pequenos.

A propósito, Deus curou meu pai, não neste planeta, mas em sua presença. E tenho certeza de que meu pai seria o primeiro a dizer que recebeu a melhor resposta possível à oração de seu filho.

O TRAPACEIRO É TRAPACEADO

Gênesis 29

CAPÍTULO 5

Já tive algumas discordâncias com balanças. Às vezes, quando olho para o número que aparece no visor, sinto que não pode estar certo. Então, discuto com a balança, dizendo coisas como: "Você é imprecisa! Você está dizendo que eu peso demais, mas eu sei que não sou tão pesado assim. Você deve estar errada".

Não obstante, as balanças nunca respondem. Elas permanecem em silêncio. Elas não se defendem. Não adianta discutir com as balanças sobre seu peso.

Não adianta discutir com o espelho sobre sua aparência. Mesmo assim, eu fiz isso. Denalyn comentou sobre minha calvície. Eu não sabia que tinha uma. Aparentemente, ela estava se espalhando pelo meu couro cabeludo anos antes de eu notar. Graças à minha querida e observadora esposa, eu não sou mais ignorante a esse respeito. Eu me apressei para ir ao banheiro e segurei um espelho de mão para poder ver a parte de trás da minha cabeça. Lá estava ela. Assentada como um quipá, espalhando-se como uma ameba. Você já viu os monges que raspam um círculo do tamanho de um pires em suas cabeças?

Eu poderia ser um deles.

Expressei meu desagrado ao espelho: "Você deve estar errado". Sem resposta. Eles, como as balanças de banheiro, são imunes a objeções.

Assim como o radar de velocidade.

"Isso não pode ser verdade, policial. Eu não estava em alta velocidade."

"O radar diz o contrário."

Eu apenas resmungo. Caso encerrado. Nenhuma refutação permitida.

É difícil negar a verdade quando ela olha diretamente para você, face a face.

No caso de Jacó, Deus deu a ele uma face cheia de fatos na distante terra de Harã. Você descobrirá que sua permanência de vinte anos lá é uma das histórias mais curiosas, divertidas e fascinantes da Bíblia. Um homem pode se casar com uma mulher pensando que está se casando com outra? Um vigarista jamais seria enganado por outro vigarista? Gênesis 29 oferece respostas a essas perguntas.

Antes de seguirmos Jacó até Harã, é importante lembrar que ele desempenhou papel significativo no cumprimento da maior promessa de Deus à humanidade: enviar Jesus à terra. Duas gerações antes, Deus havia falado com Abraão, avô de Jacó, e prometido, segundo suas próprias palavras: "Eu vou fazer algo sobre a miséria, a morte e a ruptura do mundo. E vou fazer isso através de você e de seus descendentes".

Um desses descendentes foi Jacó. Do topo da escada de Jacó, Deus prometeu: "Todos os povos da terra serão abençoados por meio de você e da sua descendência" (Gênesis 28:14). No entanto, a ficha criminal de Jacó incluía adjetivos como *trapaceiro, enganador, espertalhão, vigarista* e *mentiroso*. A jornada espiritual de Jacó se assemelhava a um passeio de montanha-russa com muitos altos e baixos. A despeito de tudo, Deus escolheu mantê-lo na equipe e usá-lo, apesar de suas falhas. Deus usa o homem apesar do homem. Estranho, eu sei. Jacó parecia mais à vontade em um cassino do que no santuário de uma igreja. É um pouco confuso, esse sujeito.

Acaso não nos sentimos todos da mesma forma? Nossa jornada espiritual é como uma estrada sinuosa, cheia de curvas. Muitas vezes nos sentimos como um quebra-cabeça com peças faltando, e nossos maus hábitos sabotam nossas boas intenções. É natural perguntar se há um lugar para nós nos planos de Deus.

A resposta por intermédio de Jacó é "sim". Nossas falhas são grandes, mas a graça de Deus é maior. Ele usa pessoas imperfeitas. Ele não nos lança fora quando merecemos. No entanto, ele nos permite colher aquilo que plantamos.

As Escrituras agitam essa bandeira de advertência com frequência e pompa.

O TRAPACEIRO É TRAPACEADO

"Os ímpios caem em suas próprias armadilhas." (Salmos 9:16)

"O homem cruel causa o seu próprio mal." (Provérbios 11:17)

"A falsidade dos infiéis os destrói." (Provérbios 11:3)

"Os ímpios são abatidos por sua própria impiedade." (Provérbios 11:5)

"Como você fez, assim será feito a você. A maldade que você praticou recairá sobre você." (Obadias 1:15)

"Caíram as nações na cova que abriram; os seus pés ficaram presos no laço que esconderam." (Salmos 9:15)

A lista de advertências continua a crescer.[1] O fato de colhermos o que plantamos não é algo insignificante na Escritura. O mal retorna. E o bem também.

"Perdoem e serão perdoados." (Lucas 6:37)

"Do fruto de sua boca o homem se beneficia, e o trabalho de suas mãos será recompensado." (Provérbios 12:14)

"Quem faz o bem aos outros, a si mesmo o faz; o homem cruel causa o seu próprio mal." (Provérbios 11:17)

"O generoso prosperará; quem dá alívio aos outros, alívio receberá." (Provérbios 11:25)

Jesus expressou o princípio de colher o que se planta quando disse: "Pois da mesma forma que julgarem, vocês serão julgados; e a medida que usarem também será usada para medir vocês" (Mateus 7:2).

Você quer que Deus derrame misericórdia sobre você com um balde? Então, use um balde enquanto distribui misericórdia aos outros. Você gostaria que ele usasse uma colher de chá? Bem, você entendeu o ponto.

Não tenho certeza se Jacó entendeu.

---

[1] Salmos 37:15; Hebreus. 2:8; Salmos 7:15–16; Provérbios 26:27; Eclesiastes 10:8; Salmos 9:15; Salmos 57:6; Provérbios 28:10; 2Pedro 2:13; Salmos 35:8; Salmos 141:10; 1Reis 8:32; 2Crônicas 6:23; Neemias 4:4; Jeremias 50:15,29; Salmos 140:9; Salmos 79:12; Salmos 137:8.

Para ajudá-lo a aprender isso, Deus levou Jacó para a terra de Labão, a região conhecida como Harã.

Rebeca, a mãe de Jacó, foi quem idealizou essa jornada com o objetivo simples de enviá-lo a um lugar seguro no qual ele pudesse ficar com seu irmão Labão até a raiva de Esaú arrefecer. Quem sabe, enquanto estivesse lá, ele poderia encontrar uma jovem adequada para se casar.

Jacó pensou que estava indo para Harã para encontrar seu tio e conseguir uma esposa. Deus, porém, enviou Jacó a Harã para que ele pudesse subir na balança. Era chegada a hora de ele se olhar no espelho. A hora de encarar os números do radar. Era hora de Jacó enfrentar os fatos sobre si mesmo. Ele tinha não uma calvície, mas alguns pontos cegos. Ele viajou para o leste através do rio Jordão, em direção ao norte, rumo a Damasco, depois para o leste, em direção a Tadmor. Em seguida, virou acentuadamente para o norte sobre o rio Eufrates e seguiu pelo Crescente Fértil até a atual Turquia.

A primeira coisa que Jacó viu em Harã foi um poço de água. Uma pedra cobria a boca do poço para evitar poluição e roubo. Três pastores estavam perto do poço. Jacó perguntou se eles conheciam um homem chamado Labão. Eles disseram que sim.

> Ele ainda estava conversando quando chegou Raquel com as ovelhas de seu pai, pois ela era pastora. Quando Jacó viu Raquel, filha de Labão, irmão de sua mãe, e as ovelhas de Labão, aproximou-se, removeu a pedra da boca do poço e deu de beber às ovelhas de seu tio Labão. Depois Jacó beijou Raquel e começou a chorar bem alto. (Gênesis 29:9-11)

Essa cena é perfeita para o cinema! Vejo Raquel com cabelos escuros presos na nuca por um cordão escarlate. Seus olhos eram cor de chocolate e em forma de amêndoas. Seu queixo tinha uma pequena covinha. Sua boca, um sorriso tímido. Ela pastoreava seu rebanho com um ramo de salgueiro.

> Ela era um retrato de charme, essa Raquel.
> Ela caminha em beleza como a noite

De clima sem nuvens e céu estrelado;

E toda a perfeição da escuridão e da luz encontra-se

Em seu semblante e seus olhos.[2]

Ela era um nocaute. E Jacó se apaixonou perdidamente.

Ao ver Raquel, Jacó rasgou seu manto, revelando o "S" de Super-Homem em seu peito. Com os olhos arregalados e o coração acelerado, ele flexionou seus músculos peitorais, pressionou o ombro contra a pedra e deu um empurrão. A rocha cedeu. Jacó fez o que os três homens ainda não tinham feito. Então, ele fez o que ninguém imaginava que ele faria. "Depois Jacó beijou Raquel e começou a chorar bem alto" (Gênesis 29:11).

Os comentários descrevem esse beijo como um gesto cultural respeitado e esperado.[3] Um leve beijo na bochecha. Sério?

Eu vejo paixão. Vejo Jacó segurando o rosto dela entre suas mãos e beijando-a como se fosse o dia do casamento. E, então, ele chorou. Foi pela beleza dela, que havia conquistado seu coração? Pelo fim de sua peregrinação? Ou talvez fosse o sentimento avassalador de que ele, o enganador e trapaceiro, havia sido abençoado por encontrar uma mulher tão nobre e virtuosa. Poderiam ter sido todas essas razões combinadas.

O nome Raquel significa "ovelha".[4] No momento em que Jacó a viu, ele disse: "Eu a quero". Raquel correu e chamou seu pai, Labão.

Prepare-se para esse cara. Ele era muito astuto. Parte trambiqueiro, parte apresentador de TV. Especialista em esquemas de pirâmide financeira e promotor de circo. Ele poderia, ao mesmo tempo, colocar o braço em seus ombros e a mão em sua carteira. Ele usava sua camisa de seda desabotoada até o umbigo, uma corrente de ouro em volta do pescoço e anéis de ouro em

---

[2] Lord Byron, "She Walks in Beauty". *Poetry Foundation*, [s.l.]. Disponível em: <https://www.poetryfoundation.org/poems/43844/she-walks-in-beauty>. Acesso em: 13 ago. 2023.

[3] "Um beijo é uma saudação habitual entre parentes." Bruce K. Waltke; Cathi J. Fredricks, *Genesis: A Commentary* (Grand Rapids: Zondervan, 2001), p. 401. [Ed. bras.: *Gênesis*. São Paulo: Cultura Cristã, 2019.]

[4] Nahum M. Sarna, *JPS Torah Commentary: Genesis* (Philadelphia: The Jewish Publication Society, 1989), p. 202, como citado por R. Kent Hughes, *Genesis*, p. 367.

cada dedo mínimo. O cabelo estava tingido com uma tinta de supermercado que não combinava com suas costeletas.

Ele deu um aperto em Jacó.

"Oh, filho de Rebeca! Você virá à minha tenda. Você vai morar na minha casa! Você não precisará de nada enquanto estiver aqui."

Jacó foi trabalhar para Labão e, após um mês cuidando de seus rebanhos, pediu permissão para se casar com Raquel. O preço típico da noiva era de trinta a quarenta siclos.[5] Como o salário anual de um pastor era de dez siclos por ano, é bem provável que Jacó esperasse trabalhar três ou quatro anos pela mão de Raquel.[6] Mas ele estava prestes a ter uma surpresa.

Imagino que a conversa tenha sido mais ou menos assim:

"O que você aceitaria em troca da mão de sua filha?"

Labão colocou a mão sobre o coração.

"Eu nunca poderia entregar minha preciosa Raquel."

"Eu vou trabalhar para você."

"Eu nunca poderia aceitar o trabalho do filho da minha irmã."

"Vou cuidar de seus rebanhos por um ano."

"Mas Raquel é minha filha especial."

"Vou servir por três anos."

"Mas Raquel tem tanta beleza!"

Jacó, que movera a pedra para impressionar Raquel, estava disposto a mover céus e terras para se casar com ela. "Quatro anos."

Eles negociaram por um tempo até que Jacó concordou em trabalhar por sete anos (o dobro do dote esperado!) para pagar sua hospedagem e alimentação.

Lembre-se: esse era Jacó, o neto do homem mais rico da terra prometida. E ele estava trabalhando de graça? Ou Raquel era linda de morrer ou o ganancioso Labão conseguia persuadir até mesmo as pedras. Suspeito que eram ambas as razões.

---

[5] O siclo era uma antiga moeda de prata usada em várias regiões do Oriente Médio, incluindo o antigo Israel. Na época bíblica, o siclo era a moeda usada para pagar impostos e realizar transações comerciais. (N. E.)

[6] John H. Walton, *Genesis*, p. 586

O TRAPACEIRO É TRAPACEADO

Algumas das linguagens mais poéticas da Bíblia foram usadas para descrever o romance entre Jacó e Raquel. "Então Jacó trabalhou sete anos por Raquel, mas lhe pareceram poucos dias, pelo tanto que a amava" (Gênesis 29:20).

Suspiros.

Tudo teria corrido bem se Labão não fosse um negociante tão ardiloso. Raquel tinha uma irmã mais velha chamada Lia, que ainda era solteira. As Escrituras são um pouco enigmáticas sobre sua aparência: "Lia tinha olhos meigos, mas Raquel era bonita e atraente" (Gênesis 29:17). *Meigos* significa "suaves". Os olhos de Lia careciam do fogo e do brilho de sua irmã mais nova. Enquanto o nome Raquel significava "ovelha", o nome Lia significava "vaca".[7]

Na mesma família, havia nomes associados tanto a ovelhas como a vacas.

Uma reflexão sobre sua aparência? Parece ser o caso. "Embora Lia tenha características marcantes, ela empalidece em comparação com a beleza geral de Raquel."[8] O que podemos dizer com certeza é que Raquel estava indo para o altar, e sua irmã mais velha, Lia, não. Labão, porém, tinha outros planos. Embora eu não esteja familiarizado com um equivalente em hebraico para o termo "reviravolta", pode-se dizer que Labão realizou uma das reviravoltas mais significativas na Bíblia.

O dia do casamento finalmente chegou; sete anos de trabalho haviam sido completados. Labão convidou todos. Os oleiros, os cabreiros e os pastores. Os fazendeiros que plantavam grãos e os mercadores que andavam de camelo. "Então Labão reuniu todo o povo daquele lugar e deu uma festa" (Gênesis 29:22). A palavra "festa" pode ser compreendida nesse contexto como "festival de bebida".[9] O vinho fluiu como água e todos beberam e dançaram. Os convidados bateram palmas, fizeram música, contaram piadas, deram tapinhas nas costas uns dos outros, tocaram tambores, comeram carne e rodopiaram. E quando pensaram que não poderiam consumir mais álcool, foi exatamente isso que fizeram.

---

[7] Bruce K. Waltke; Cathi J. Fredricks, *Genesis*, p. 405.
[8] Walton, *Genesis*, p. 586.
[9] Waltke, *Genesis*, p. 405.

As mulheres prepararam a tenda nupcial. Elas cobriram o chão com tapetes, perfumaram o ar com incenso e colocaram lamparinas, acesas muito fracamente, sobre a mesa.

Quando o sol se pôs, o palco estava montado para o momento mágico. Os galhos que se erguiam tornaram-se silhuetas dançantes no círculo do luar. As estrelas pareciam diamantes no céu noturno de veludo. Labão buscou a noiva com um véu que cobria totalmente seu rosto e a levou para a tenda. Ela foi mantida fora de vista o dia todo. Quando chegou a hora de Jacó consumar seu casamento, ele estava tão bêbado que mal conseguia ver o que estava fazendo. Pelo menos essa é a melhor maneira de explicar como ele caiu na trapaça de Labão.

Na manhã seguinte, com a névoa dissipada de sua mente e o vinho eliminado de seu organismo, ele se virou na cama, esperando ver sua adorável Raquel, e teve uma grande surpresa! "Quando chegou a manhã, lá estava Lia. Então Jacó disse a Labão: 'Que foi que você me fez? Eu não trabalhei por Raquel? Por que você me enganou?'" (Gênesis 29:25).

Você se lembra da frase "provar do seu próprio veneno"? Jacó recebeu uma colher cheia.

1. Jacó, que enganou seu pai quase cego, Isaque, em uma tenda, foi enganado em uma tenda quando estava cego pelo vinho, cego pela noite, cego pela luxúria e cegamente apaixonado.

2. Jacó, que, com a mais calculista furtividade, roubou o que não poderia ser devolvido, foi levado a um casamento que não poderia ser desfeito.

3. Jacó, que relutou e resistiu à tradição de o primogênito passar à frente, foi vítima da explicação de Labão de que era errado "entregar em casamento a filha mais nova antes da mais velha" (Gênesis 29:26).

4. Jacó, que reclamou com Labão: "Por que você me enganou?" (Gênesis 29:25), usou a mesma palavra empregada por Esaú para se referir ao que ele tinha feito: "Não é com razão que o seu

nome é Jacó? Já é a segunda vez que ele me engana! Primeiro, tomou o meu direito de filho mais velho e agora recebeu a minha bênção!" (Gênesis 27:36).[10]

Confiante que Jacó concordaria, Labão ofereceu deixar Jacó se casar com Raquel também. A condição? Mais sete anos de trabalho. O versículo 28 é tão sucinto quanto deve ter sido a expressão de Jacó. "Jacó concordou." Ele terminou a cerimônia de casamento de sete dias com Lia e se casou com Raquel. Algo me diz que a segunda festa foi um pouco mais contida.

O capítulo termina com Jacó casado com duas irmãs — uma desejada, a outra não — mais sete anos de trabalho a cumprir e muito tempo para refletir sobre uma verdade fundamental e recorrente das Escrituras: "Não se deixem enganar: de Deus não se zomba. Pois o que o homem semear isso também colherá" (Gálatas 6:7).

Jacó plantou sementes de engano. Ele colheu o fruto do engano. Ele enganou Esaú. Ele enganou Isaque. Ele foi enganado por Labão. Jacó recebeu o troco.

Eu gostaria de poder dizer que ele aprendeu a lição. Que prazer seria escrever um parágrafo como o seguinte: "Jacó teve um momento de iluminação que mudou sua vida para melhor. Ele percebeu que havia passado seus anos trapaceando e mudou de vida. A partir de então, ele tratou cada pessoa com respeito e honrou a Deus com reverência. Harã teve o impacto pretendido sobre Jacó".

Infelizmente, contudo, tal parágrafo seria fictício. Jacó permaneceu rígido e indiferente. Foi um aprendiz lento esse patriarca.

Deus lhe enviou várias mensagens. Algumas vieram na forma de bênçãos: uma chegada segura a Harã. Um rosto deslumbrante chamado Raquel. A habilidade de fazer o trabalho de três homens e remover a pedra do poço. Sete anos de serviço que pareciam mais um prazer do que um dever. Jacó não poderia ter interpretado esses presentes como indicações de que Deus estava com ele?

---

[10] Waltke, *Genesis*, p. 406.

Outros sinais vieram na forma de fardos: seu encontro com Labão, o pilantra. A troca da noite de núpcias. Mais sete anos de trabalho duro. A qualquer momento, Jacó poderia e deveria ter olhado para cima. "Você está tentando me dizer algo, Deus?" Deus lhe deu muitas oportunidades para aprender a lição e mudar seus caminhos. Mas ele nunca fez isso. Incrível.

E ainda mais incrível, Deus nunca desistiu dele. Ele nunca deu as costas. Ele nunca jogou a toalha.

Graça. Graça. Graça.

E você?

Você se encontra longe de casa, afastado da esperança e distante da vida que esperava encontrar. Você está se esforçando muito para conseguir um diploma avançado da Universidade das Experiências Difíceis, e parece que a formatura ainda está muito longe. Se isso descreve você, antes de culpar Labão ou olhar com desdém para Lia, olhe bem no espelho. Deixe a história de Jacó funcionar como um aviso: nós colhemos o que plantamos.

Uma parábola desse princípio é encontrada na paisagem britânica. Os jardins da Inglaterra são famosos por sua beleza. Mas apenas um tem a distinção peculiar de ser um jardim projetado para matar. Alnwick Garden, em Northumberland, ostenta o cenário típico de prímulas, flores exuberantes, hera luxuriante e fontes em cascata. No entanto, se adentrar profundamente em seu interior, você se encontrará além dos portões de ferro negro do Jardim Venenoso. Preenchido com aproximadamente uma centena das plantas mais letais do mundo, esse terreno misterioso impõe regras rígidas aos visitantes, incluindo não cheirar, tocar ou provar. Todos os anos, turistas incrédulos ignoram o aviso e muitos desmaiam com as fragrâncias mortais. O que mais impressiona é a percepção de que muitas das plantas mortais que eles encontram existem naturalmente ao lado de muitas que eles amam. Tanto a morte como a beleza balançam ao vento enquanto você caminha pelo parque... E tudo começa com apenas uma pequena semente.[11]

---

[11] Natasha Geiling, "Step Inside the World's Most Dangerous Garden (If You Dare)", *Smithsonian Magazine*, [s.l.], 22 set. 2014. Disponível em: <https://www.smithsonianmag.com/travel/step-inside-worlds-most-dangerous-garden-if-you-dare-180952635/>. Acesso em: 14 ago. 2023.

Que sementes você está plantando hoje? Assim como as sementes do engano resultam em uma colheita de embustes, as sementes da verdade dão lugar a um abundante celeiro de vida. As consequências têm juros compostos.

Você determina a qualidade do amanhã pelas sementes que planta hoje.

A história de Jacó não precisava passar por Harã. O casamento com a irmã errada não era obrigatório. Quatorze anos de trabalho duro não eram requisitos para ser um patriarca. Ele poderia ter cumprido o plano de Deus e levado uma vida muito mais pacífica.

Mas "eles semeiam vento e colhem tempestade" (Oseias 8:7).

Ou como disse o sábio: "Quem faz o bem aos outros, a si mesmo o faz; o homem cruel causa o seu próprio mal. O ímpio recebe salários enganosos, mas quem semeia a retidão colhe segura recompensa" (Provérbios 11:17-18).

Jacó aprendeu a lição? Você precisará continuar lendo sobre a vida dele para encontrar uma resposta definitiva.

Um detalhe importante nessa história da lua de mel roubada precisa ser mencionado. Lembra-se de Lia? A irmã mais velha? A irmã indesejada? A garota de olhos suaves e nome menos afortunado?

Ela deu à luz um filho chamado Judá. Entre seus descendentes, havia um menino pastor de Belém chamado Davi e um carpinteiro de Nazaré chamado Jesus. Sim, Lia, não escolhida por Jacó, foi selecionada por Deus para ser mãe na linhagem do Rei dos reis.

Oh, como as exibições da graça continuam!

GUERRAS TERRITORIAIS DOMÉSTICAS

Gênesis 29:31–30:24

CAPÍTULO 6

Na tenra idade de 82 anos, minha irmã mais velha sediou uma reunião familiar. Sem querer deixar ninguém de fora, ela emitiu um alerta geral aos Lucados em todo o mundo. Todos foram convidados a passar um fim de semana se divertindo sob seu teto em Fort Smith, Arkansas.

Quando Denalyn e eu chegamos, o lugar estava agitado com parentes, amigos, crianças e primos. E sogros, malfeitores e alguns fugitivos da lei. (Brincadeirinha!) Éramos cerca de cinquenta ou sessenta, o suficiente para exigir o uso de crachás. Vi alguns rostos que nunca tinha visto antes e muitos que não via há muito tempo. Alguns estavam sem dentes e usando fraldas, mas a velhice também fará isso com você.

Minha irmã havia completado a tediosa tarefa de projetar uma árvore genealógica e pendurá-la em sua lareira. Estendia-se por cerca de um metro e oitenta de largura e cobria uma dúzia de décadas e quatro gerações. Começava com o nascimento do pai do meu pai e continuava até o nascimento mais recente do filho do meu sobrinho.

Ela preencheu todos os cantos possíveis de sua sala de estar com fotos de bebês, noivas, soldados, fazendeiros e cabeleireiros — todos ligados por sua conexão com o clã Lucado.

Minhas irmãs e uma prima compareceram ao tribunal supremo, respondendo a dezenas de perguntas dos adolescentes e recém-chegados.

"Você quer dizer que ele lutou na Segunda Guerra Mundial?"

"Ele foi para a prisão?"

"Por que eles não tiveram filhos?"

"Por que eles tiveram tantos filhos?"

Nossa árvore genealógica tem pontos fracos e pontos fortes. Álcool e colesterol cobraram seu preço. Educação e melhores hábitos de saúde pagaram dividendos.

Nos minutos finais antes das despedidas, amontoamo-nos na sala para uma última olhada na genealogia e a pergunta derradeira: "Alguém aprendeu alguma coisa neste fim de semana?". Depois de alguns momentos, um bisneto falou. Recém-saído da faculdade, após ouvir todas aquelas histórias, ele disse: "Aprendi uma coisa. Agora eu sei por que sou do jeito que sou".

Nós nunca escapamos do nosso DNA. Podemos tentar, mas nunca conseguimos. Embora cada vida seja um novo capítulo, ela continua sendo um capítulo dentro de um volume maior. Sua biografia começou antes de você. Sua família importa.

A família de Jacó importava. Ele é famoso por causa dela. Ele não ficou famoso por seus talentos, tesouros ou ensinamentos. Se ele inventou um dispositivo, escreveu uma música ou um livro, nunca o vimos, ouvimos ou lemos. Porém, ele plantou uma árvore genealógica cujos ramos se estendem até a eternidade. Aqueles que sabem pouco sobre a Bíblia já ouviram falar das doze tribos de Israel. Aqueles que sabem muito sobre a Bíblia estão cientes de que os nomes das tribos serão inscritos nos portões da nova Jerusalém (Apocalipse 21:12).

Mas mesmo aqueles que conhecem bastante a Bíblia têm muitas perguntas sobre a família de Jacó, e a pergunta no topo da lista é esta: *Você quer me dizer que a genealogia de Jesus Cristo inclui essas pessoas?*

Já estamos familiarizados com o passeio de montanha-russa chamado Vida de Jacó.

Jacó foi o segundo filho de Isaque, nascido apenas um segundo depois de Esaú. Ele saiu de sua mãe tentando se colocar à frente de seu irmão. A rivalidade entre irmãos e o favoritismo dos pais resultaram em uma mistura tóxica de embustes e ameaças de morte, e nem estamos ainda nos casamentos de Jacó. Lia e Raquel, as duas irmãs que eram suas esposas, tinham cada qual uma serva que fazia mais do que lavar roupa. Jacó se viu

GUERRAS TERRITORIAIS DOMÉSTICAS

no meio de quatro mulheres gerando seus filhos e complicando sua vida já turbulenta e conturbada. A família dele ultrapassou todos os limites do escândalo.

> Quando o SENHOR viu que Lia era desprezada, concedeu-lhe filhos; Raquel, porém, era estéril. Lia engravidou, deu à luz um filho, e deu-lhe o nome de Rúben, pois dizia: "O SENHOR viu a minha infelicidade. Agora, certamente o meu marido me amará". Lia engravidou de novo e, quando deu à luz outro filho, disse: "Porque o SENHOR ouviu que sou desprezada, deu-me também este". Pelo que o chamou Simeão. De novo engravidou e, quando deu à luz mais um filho, disse: "Agora, finalmente, meu marido se apegará a mim, porque já lhe dei três filhos". Por isso deu-lhe o nome de Levi. Engravidou ainda outra vez e, quando deu à luz mais outro filho, disse: "Desta vez louvarei ao SENHOR". Assim deu-lhe o nome de Judá. Então parou de ter filhos. (Gênesis 29:31-35)

A nomeação dos filhos de Lia documentou a mágoa e o ódio entre as esposas-irmãs. O nome do filho número um, Rúben ("Veja, um filho"), era um sinal de que Deus havia visto a aflição de Lia. Simeão ("O SENHOR ouviu"), o nome do filho número dois, declarava que Deus tinha ouvido Lia, uma provocação velada de Lia pelo fato de Deus não ter ouvido Raquel. O nome Levi significa "conectar", lamentando a falta de conexão entre Lia e Jacó, e Judá significa "louvado seja Deus".

A família estava prenhe de tensão sobre gestações e a falta delas.

Lia teve os filhos de Jacó, mas nenhum amor.

Raquel teve o amor de Jacó, mas não teve filhos.

Raquel, tendo testemunhado sua irmã dar à luz quatro filhos, ficou tão consumida pela inveja que invadiu a tenda de Jacó, exigindo: "Dê-me filhos ou morrerei!" (Gênesis 30:1). Jacó murmurou algo sobre a exigência estar fora do seu alcance. Raquel resolveu as coisas por conta própria e insistiu: "Aqui está Bila, minha serva. Deite-se com ela, para que tenha filhos em meu lugar e por meio dela eu também possa formar família" (Gênesis 30:3).

Bila teve um bebê e o nomeou — presumo que com a sugestão de Raquel — Dã, que significa "vindicação". Como se tivesse dito: "Toma essa!". Bila engravidou pela segunda vez, e Raquel disse: "Tive grande luta com minha irmã e venci. Pelo que o chamou Naftali ('luta')" (Gênesis 30:7-8).

Lia não podia mais conceber, então insistiu que sua serva Zilpa interviesse. "Zilpa, serva de Lia, deu a Jacó um filho. Então disse Lia: 'Que grande sorte!'. Por isso o chamou Gade ('sortudo'). Zilpa, serva de Lia, deu a Jacó mais um filho. Então Lia exclamou: 'Como sou feliz! As mulheres dirão que sou feliz'. Por isso lhe deu o nome de Aser ('feliz')" (Gênesis 30:10-13).

Algo me diz que Raquel não parabenizou Lia por sua felicidade.

O clima e a turbulência da mesa de jantar de Jacó devem ter sido insanos. Raquel e Lia se odiavam. Era uma batalha de vontades e de úteros. As duas servas eram rivais. Parecia que nasciam crianças diariamente. Elas estavam envolvidas em tudo: tagarelando, chorando, engatinhando. Ninguém conseguia falar por causa do barulho que faziam. Não que alguém quisesse falar. Todos estavam em conflito com todos. Parentesco, para eles, era puro asco.

Quando pensamos que o ninho de vespas da discórdia doméstica não poderia ficar mais bizarro, aconteceu exatamente isso. Rúben, o filho mais velho, encontrou algumas mandrágoras no campo de trigo. Nos tempos bíblicos, acreditava-se que as mandrágoras eram afrodisíacas e tinham o poder de estimular a fertilidade.[1] Rúben as deu à sua mãe, Lia. Raquel ouviu falar das mandrágoras e as pediu a Lia. "Mas ela respondeu: Não lhe foi suficiente tomar de mim o marido?" (Gênesis 30:15).

A essa altura, Jacó estava em tempo integral com Raquel, enquanto Lia dormia só. Então, em desespero, Raquel fez um acordo com a irmã. "Jacó se deitará com você esta noite, em troca das mandrágoras trazidas pelo seu filho" (Gênesis 30:15).

De alguma forma, eu perdi essa história na escola dominical. Se formos ao cerne da questão, trata-se de Raquel prostituindo o marido para sua irmã. Se aprofundarmos mais, trata-se de duas mulheres, cada qual ansiando por

---

[1] "Mandrágora". *DICIONÁRIO Aulete Digital*. Rio de Janeiro: Lexikon, 2011. Disponível em: <https://www.aulete.com.br/mandr%C3%A1gora>. Acesso em 14 ago. 2023.

GUERRAS TERRITORIAIS DOMÉSTICAS

algo que ainda não havia encontrado. Ambas eram estéreis — uma de afeto, outra de filhos.

E Jacó? Corrija-me se discordar, mas ele parece impassível. Um pouco de liderança não faria mal. Se ao menos ele tivesse tomado uma posição contra Labão, defendido a causa de Lia ou negociado uma trégua entre as irmãs, ou ainda, quando lhe foi entregue uma serva, se tivesse dito: "Isso passa dos limites! Já chega!".

Mas o camarada nunca fez nada. Sempre indiferente. Sempre tão alheio ao seu redor. Talvez ele se sentisse preso no meio disso tudo. Um exilado de sua casa em Berseba. Um servo contratado de seu tio. Pego no fogo cruzado entre duas esposas e duas servas. Doze filhos em sete anos. Crianças e caos por toda parte.

Parece selvagem, certo?

Quem sabe, familiar?

Enquanto eu escrevia este capítulo, recebi o telefonema de um amigo que me perguntou: "No que você está trabalhando?". Respondi: "Estou lendo sobre a família insana de Jacó". Sem hesitação, meu amigo retrucou: "Não poderia ser mais insana do que a minha". Entendo. O problema de usar a expressão "família disfuncional" é que ela implica a existência de uma família funcional.

Quantas pessoas acham a história de Jacó não só incrível, mas também estranhamente reconfortante? Com o tempo, Jacó se tornaria a personificação do povo de Israel. Ele o fez, não por causa de sua natureza, mas apesar dela. A Escritura não tenta encobrir seus escândalos, disfarçar suas falhas ou ocultar sua humanidade. Eu, por minha vez, encontro esperança na habilidade de Deus em usar uma família de conflitos e atritos.

Lembro-me de uma radiografia emoldurada que guardo no armário. Enquanto remexo minhas meias e escolho minha camisa, ela me cumprimenta. Estranho, eu sei. Outras pessoas penduram calendários e citações favoritas. Mas eu tenho uma radiografia emoldurada. Aqui está a razão.

A imagem é a vista axial de um quadril fragmentado. Um grave acidente de carro o deixou quebrado em dois lugares. Até mesmo um olho não treinado como o meu consegue ver a lacuna de meio centímetro entre os ossos. A fratura foi apenas uma das várias que a vítima sofreu. Os médicos que estudaram o raio X temeram por sua vida. Ainda mais, eles temeram pela vida de seu bebê. Um feto de sete meses de gestação ocupa o centro do palco da imagem. Ele flutua entre a fratura, felizmente inconsciente da ruptura ao seu redor.

O Dr. Michael Wirth, que me deu a imagem, relembra a noite em que a viu na sala de emergência. "Perguntamo-nos: 'Será que mãe e filho podem sobreviver? Se não puderem, devemos salvar a mãe e perder a criança? Ou perder a mãe e salvar a criança?'"

A escolha nunca precisou ser feita. A mãe sobreviveu, o bebê nasceu e Michael guardou a imagem da radiografia como uma lembrança: Deus traz vida por meio da quebra e da falência humana. Famílias desestruturadas, corações partidos, sonhos destruídos — até mesmo pessoas quebradas. Nós sucumbimos sob pressão. Assim como Esaú, cedemos aos desejos que nos corroem por dentro. Assim como Jacó, conspiramos e controlamos. Quem quer usar um vaso quebrado? Deus quer. Sua graça nunca falha.

Alguém pode ler sobre o clã de Jacó e perguntar: "Onde estão os heróis? Quem devo seguir como exemplo? Quem é o personagem redentor nessa confusão de poligamia?". A resposta: Deus! Enquanto vemos uma família que parece gastar mais tempo brigando do que se abraçando, Deus enxerga a oportunidade de demonstrar seu poder: "Observe o que posso realizar".

Deus usou, e usa, pessoas imperfeitas. Ele fez uma promessa a Abraão: seus descendentes seriam como a poeira da terra e as estrelas do universo. A pessoa mais notável que já viveu surgiria de sua linhagem. A história do céu seria contada e transmitida por essas pessoas estranhas e curiosas. Deus havia feito uma promessa a eles. E ele nunca quebra suas promessas.

Caso em questão: a família de Jacó.

Famílias disfuncionais podem ser usadas e até mesmo corrigidas. A funcionalidade pode acontecer. Boas intenções de amor podem tornar-se reais. Deus pode colocar tudo no modo de cura. Nenhuma família está além da possibilidade de um milagre.

GUERRAS TERRITORIAIS DOMÉSTICAS

Raquel finalmente engravidou. Foram as mandrágoras? Não, foi Deus. "Então Deus lembrou-se de Raquel. Deus ouviu o seu clamor e a tornou fértil. Ela engravidou, e deu à luz um filho e disse: 'Deus tirou de mim a minha humilhação'. Deu-lhe o nome de José e disse: 'Que o Senhor me acrescente ainda outro filho'" (Gênesis 30:22-24).

Por meio das brigas, da arrogância, das lutas, da competição e das comparações; das poções de amor, dos métodos alternativos e das lágrimas daquelas que não tinham amor ou filhos, Deus sempre esteve no controle. Ele cumpriu suas promessas no passado e continua a fazê-lo hoje.

A VIDA COM UM PILANTRA

Gênesis 30:25—31:55

CAPÍTULO 7

Vamos falar sobre Labão em sua vida. Eu sei. Você preferiria não falar sobre isso. Você preferiria falar sobre algo — ou alguém — mais agradável. O seu Labão é tudo, menos agradável.

O Labão de sua vida é exigente. Ele tem a sensibilidade de um pit bull raivoso.

O Labão de sua vida é astuto. Ele quebra promessas como um cozinheiro quebra ovos.

O Labão de sua vida é enganador. Sempre há uma carta na manga dele ou dedos cruzados em suas costas.

O Labão de sua vida é manipulador. Ele vai lisonjear você até conseguir o que quer e depois partir para outra pessoa.

O Labão de sua vida adora ser adorado. "Chega de falar de mim. E você? O que você tem a me dizer sobre mim?"

O seu Labão é como uma amigdalite em sua vida. Você gostaria de passar um dia sem ela, mas está preso a essa infecção. O Labão de sua vida é seu cunhado. O Labão de sua vida é seu chefe. O Labão de sua vida se senta à mesa ao lado da sua ou joga no mesmo time.

Um futuro sem Labão, por enquanto, não é uma opção. Talvez você se pergunte por que cargas d'água Deus colocou um Labão no seu caminho.

Jacó fez a si mesmo essa pergunta pelo menos uma vez por dia durante 5.110 dias — o número de dias que ele trabalhou para aquele homem. Catorze anos! Ele não podia escapar de Labão. Ele se casara com as filhas de Labão. Ora, ele estava casado com as suas filhas!

O acordo original era de sete anos, mas Labão fez uma artimanha na noite de núpcias, trocando Raquel por sua irmã mais velha, Lia, e deixando Jacó sem opção, a não ser trabalhar por mais sete anos.

Na Bíblia, o número sete muitas vezes significa "completo". Trata-se de um simbolismo apropriado, pois Jacó certamente se sentia como um completo tolo trabalhando por menos de um salário-mínimo para um homem que negociava suas filhas como um pecuarista negocia gado.

Durante o segundo período de sete anos, Jacó viu sua família e seus problemas se multiplicarem. Ele teve onze filhos e uma filha: sete filhos de Lia, um de Raquel, dois da serva de Raquel, Bila, e dois da serva de Lia, Zilpa. Jacó havia chegado à casa de Labão sem nada e, depois de catorze anos cheios de estresse, suas dores de cabeça haviam aumentado significativamente, mas sua conta bancária, não.

Dez vezes em seis anos, Labão alterou seu método de calcular o salário de Jacó, deixando-o de mãos vazias (Gênesis 31:41-42). É assim que Deus recompensa seus filhos? É assim que Deus mantém suas promessas? O que aconteceu com a escada que levava ao céu? Onde estão os anjos ascendentes e descendentes? Por que um deles não pode tirar Labão da vida de Jacó e colocá-lo na vida de outra pessoa?

Onde está Deus no meio desse caos?

A resposta veio na forma de um sonho — estranho, mas os sonhos costumam ser assim. Jacó contou a Lia e Raquel sobre isso.

> Na época do acasalamento, tive um sonho em que olhei e vi que os machos que fecundavam o rebanho tinham listras, eram salpicados e malhados. O anjo de Deus me disse no sonho: "Jacó!" Eu respondi: "Eis-me aqui!". Então ele disse: "Olhe e veja que todos os machos que fecundam o rebanho têm listras, são salpicados e malhados, porque tenho visto tudo o que Labão lhe fez. Sou o Deus de Betel, onde você ungiu uma coluna e me fez um voto. Saia agora desta terra e volte para a sua terra natal". (Gênesis 31:10-13)

Por ora, esqueça os comentários curiosos sobre ovelhas listradas, salpicadas e malhadas. Eles são importantes e voltaremos a eles em alguns parágrafos. Porém, importam menos do que a grande notícia que Deus compartilhou com Jacó: "Tenho visto tudo o que Labão tem feito com você".

Eu não me afastei. Não esqueci sua situação. Eu não rejeitei sua necessidade. Eu... tenho... visto!

Jacó tinha diante de si duas opções: confiar em Deus ou ficar ansioso. Ele poderia acreditar na presença do céu ou focar nos problemas. Se você presumir que ele se concentrou em seus problemas, ninguém o culparia. Até então, pouco Jacó havia feito para mostrar sua fé.

No entanto, estamos prestes a ver uma mudança no homem. Uma mudança para melhor (ainda que momentânea). Esperamos uma década e meia para dizer essas palavras! Vimos o vigarista enganar seu irmão e enganar seu pai. Vimos o fugitivo tropeçar e cair na tenda de Labão. Vimos o amante tão embriagado de amor e bebida que acorda com a noiva errada em uma narrativa tão embaralhada quanto um cubo mágico. Vimos o marido passivo sentar-se em silêncio enquanto suas esposas brigam e seus corações se partem. Nós o vimos colher o que plantou. Mas, finalmente, algo dentro de Jacó começa a se mexer. Ele entrega seu pedido de demissão ao sogro.

> Depois que Raquel deu à luz José, Jacó disse a Labão: "Deixe-me voltar para a minha terra natal. Dê-me as minhas mulheres, pelas quais o servi, e os meus filhos, e partirei. Você bem sabe quanto trabalhei para você". Mas Labão lhe disse: "Se mereço sua consideração, peço-lhe que fique. Por meio de adivinhação descobri que o Senhor me abençoou por sua causa". E acrescentou: "Diga o seu salário, e eu lhe pagarei". (Gênesis 30:25-28)

Labão não era um homem de fé. Ele não estava em busca de Deus. No entanto, Labão estava ficando mais rico a cada ano. Ele não conseguia descobrir a razão. Então, foi buscar uma explicação por meio de "arte divinatória". Ele checou suas cartas de tarô e consultou leitores de mãos. Ele jogava dados e lia borra de café. Por fim, ele percebeu que a casa de Labão prosperava por causa da presença de Jacó. "Descobri que o Senhor me abençoou por sua causa" (Gênesis 30:27).

A vida com um Labão pode nos deixar pensando se estamos fazendo a diferença. A verdade é que não estamos, mas Deus, sim! Aonde quer que possamos ir, carregamos as bênçãos de Deus conosco, bênçãos que transbordam para a vida dos outros.[1] Como Deus é bom! Ele quer abençoar até mesmo os Labões do mundo. Ele usa os Jacós para isso.

Jacó disse ao sogro: "Você sabe quanto trabalhei para você e como os seus rebanhos cresceram sob os meus cuidados. O pouco que você possuía antes da minha chegada aumentou muito, pois o SENHOR o abençoou depois que vim para cá. Contudo, quando farei algo em favor da minha própria família?" (Gênesis 30:29,30).

Em outras palavras: "Labão, transformei sua pequena loja de esquina em uma operação multimilionária. Tudo o que eu tocava, o Senhor abençoava. Sob minha direção, sua renda se multiplicou. Mas agora é hora de cuidar da minha família".

Labão, tenso como as cordas de uma raquete de tênis, perguntou: "Então, quanto devo pagar a você?".

> "Não me dê coisa alguma", respondeu Jacó. "Voltarei a cuidar dos seus rebanhos se você concordar com o seguinte: Hoje passarei por todos os seus rebanhos e tirarei do meio deles todas as ovelhas salpicadas e pintadas, todos os cordeiros pretos e todas as cabras pintadas e salpicadas. Eles serão o meu salário. E a minha honestidade dará testemunho de mim no futuro, toda vez que você resolver verificar o meu salário. Se estiver em meu poder alguma cabra que não seja salpicada ou pintada, e algum cordeiro que não seja preto, poderá considerá-los roubados". (Gênesis 30:31-33)

Lembra-se do sonho? Nele, Deus disse a Jacó para construir um rebanho com animais listrados, salpicados ou malhados. Então Jacó obedeceu. Ele se ofereceu para receber como salário um punhado de ovelhas e cabras pintadas. Labão não podia acreditar no que ouvira. Não é de admirar que Jacó estivesse falido. Um pastor não pode ficar rico levando apenas algumas ovelhas e cabras marcadas.

---

[1] Esse é um princípio bíblico. Deus fez Faraó prosperar e abençoou o Egito por causa da presença de José (Gênesis 39-41). O rei Nabucodonosor tornou-se crente por causa da presença de Daniel (Daniel 4:34-37).

A VIDA COM UM PILANTRA

Labão pensou que Jacó era um tolo. Jacó, porém, estava agindo com fé. "É justo", disse Labão. "Negócio fechado."

No entanto...

> Naquele mesmo dia, Labão separou todos os bodes que tinham listras ou manchas brancas, todas as cabras que tinham pintas ou manchas brancas, e todos os cordeiros pretos e os colocou aos cuidados de seus filhos. Afastou-se então de Jacó, à distância equivalente a três dias de viagem, e Jacó continuou a apascentar o resto dos rebanhos de Labão. (Gênesis 30:35,36)

Antes que Jacó tivesse a chance de separar os rebanhos, junto com seus filhos e servos, correu pelas colinas apanhando os escuros e pintados. Labão, então, enviou as ovelhas para uma pastagem distante, a três dias de viagem. Jacó ficou com uma fração de seu salário prometido. Como uma velha raposa, Labão enganou Jacó novamente.

Consegue imaginar Labão, presunçoso e orgulhoso, falando consigo mesmo enquanto balançava de um lado para o outro em seu camelo: "Será que o seu Deus se esqueceu de você desta vez, Jacó?".

Podemos imaginar Jacó chegando bem perto de atacar Labão? Não foi suficiente para o homem enganá-lo no casamento. Não foi suficiente para Labão forçar Jacó a trabalhar de graça. Não foi suficiente para Labão tirar vantagem de seu próprio genro. Labão tinha de deixar Jacó com quase nada!

Mas Jacó não reagiu com raiva. Em vez disso, ele se dedicou à tarefa de edificar seu rebanho. "Jacó pegou galhos verdes de estoraque, amendoeira e plátano e neles fez listras brancas, descascando-os parcialmente e expondo assim a parte branca interna dos galhos. Depois fixou os galhos descascados junto aos bebedouros, na frente dos rebanhos, no lugar onde costumavam beber água. Na época do cio, os rebanhos vinham beber e se acasalavam diante dos galhos. E geravam filhotes listrados, salpicados e pintados" (Gênesis 30:37-39).

DEUS NÃO DESISTE DE VOCÊ

O que está acontecendo aqui? Isso era superstição? Folclore? Ou será que Jacó estava à frente de seu tempo? Alguns estudiosos pensam assim. "Recentemente foi proposto que [...] O fato de Jacó ter arrancado a casca dos galhos pode ter exposto algum nutriente que estava então na água potável [...] mudando assim a cor dos filhotes que eles geraram."[2]

Nos seis anos seguintes, Jacó colocou esse plano de ação em prática. "Assim o homem ficou extremamente rico, tornando-se dono de grandes rebanhos e de servos e servas, camelos e jumentos" (Gênesis 30:43).

Deus recompensou a fé de Jacó! Deus usou Labão para ensinar Jacó a confiar em Deus. Jacó não gostava de Labão. Ele queria se afastar de Labão. No entanto, ele se tornou um homem melhor por causa de Labão.

Labão era o bagre de Jacó. Pesquise a expressão "o bacalhau e o bagre" e você encontrará este conto apócrifo, mas perspicaz.

Os pescadores lutavam para encontrar um meio de levar o bacalhau ao mercado. Eles tentaram congelá-lo, mas o peixe perderia o sabor. Eles tentaram transportá-lo em um tanque de água do mar. O bacalhau ficaria inativo por muito tempo, tornando-o macio e mole. Por fim, alguém apareceu com uma solução. O bagre e o bacalhau são inimigos naturais. Um bagre foi colocado no tanque. Perseguia o bacalhau durante o transporte, resultando na entrega de um peixe saudável.

Boa história. Embora não haja provas de que os pescadores usem bagre, há ampla evidência de que Deus o faz.

Na história de Jacó, Labão era o bagre de Jacó.

E você? Deus poderia estar dizendo a você as mesmas palavras que disse a Jacó? "Eu vejo o que está acontecendo. Estou ciente da manipulação. Da injustiça. Do desrespeito por seus sentimentos ou futuro. Eu vejo isso. Eu o vejo. E estou usando essa experiência para treiná-lo."

Deus está propenso a fazer isso. As Escrituras explicam: "Essa provação que vocês estão enfrentando não é um castigo; é um *treinamento*, a experiência normal dos filhos. [...] Está nos treinando para que possamos *viver* de acordo com seu santo propósito" (Hebreus 12:8,10, *A Mensagem*).

---

2 Andrew E. Steinmann, *Genesis*, p. 289.

A VIDA COM UM PILANTRA

Você está sendo treinado?

Você, assim como Jacó, faz parte do sistema de Deus para transmitir esperança. Você é um mensageiro de sua promessa. No entanto, assim como Jacó, você também tem suas próprias imperfeições e fraquezas.

"Pois Deus está sempre *agindo em vocês* para que obedeçam à vontade dele, tanto no pensamento como nas ações" (Filipenses 2:13, NTLH, ênfase minha). "Que o Deus de paz lhes dê tudo de bom que vocês precisam para fazer a sua vontade. E que ele, por meio de Jesus Cristo, *faça em nós* tudo o que lhe agrada. E a Cristo seja dada a glória para todo o sempre!" (Hebreus 13:21, NTLH, ênfase minha).

Nós somos as pedras brutas; ele é o lapidador. Nós somos a madeira curvada. Ele é o carpinteiro.

Em vez de resmungar sobre as pessoas que o irritam, veja-as pelo que são: uma ferramenta de treinamento de Deus. Ele está ensinando você a confiar nele. Ele não prometeu dar a você ovelhas listradas. Mas ele prometeu...

- Ungi-lo com o óleo da alegria (Salmos 45:7).
- Suprir todas as suas necessidades de acordo com suas riquezas na glória por Cristo Jesus (Filipenses 4:19).
- Boa medida, calcada, sacudida e transbordante será dada a vocês (Lucas 6:38).
- Conceder graça suficiente (2Coríntios 12:9).
- Fazer todas as coisas cooperarem para o bem (Romanos 8:28).
- Derrotar qualquer arma forjada contra você (Isaías 54:17).
- Abrir um caminho e riachos no ermo (Isaías 43:19).
- Abrir caminho quando não há caminho (Isaías 43:16).
- Transformar a tristeza em alegria (Salmos 30:11).
- Cuidar do seu coração ferido (Salmos 147:3).

Em algum momento, alguém em algum lugar fará seu sangue ferver. Essa pessoa pode não ser um verdadeiro canalha como Labão, mas até mesmo aqueles mais próximos a você deixarão escapar um insulto de vez em

DEUS NÃO DESISTE DE VOCÊ

quando. A tentação é retaliar, usar a cabeça de forma pouco racional. Não desista. Não lute contra Labão nos termos de Labão. Responda a Labão com fé em Deus.

Jacó agiu assim. Ao final de seis anos, Jacó tinha riqueza suficiente e estava farto de Labão. Então, ele carregou tudo e partiu para Canaã.

Labão o perseguiu. Ele acusou Jacó de ser um ladrão. Duas décadas de frustração explodiram de Jacó como um canhão disparando projéteis.

> Vinte anos estive com você. Suas ovelhas e cabras nunca abortaram, e jamais comi um só carneiro do seu rebanho. Eu nunca levava a você os animais despedaçados por feras; eu mesmo assumia o prejuízo. E você pedia contas de todo animal roubado de dia ou de noite. O calor me consumia de dia, e o frio, de noite, e o sono fugia dos meus olhos. Foi assim nos vinte anos em que fiquei em sua casa. Trabalhei para você catorze anos em troca de suas duas filhas e seis anos por seus rebanhos, e dez vezes você alterou o meu salário. Se o Deus de meu pai, o Deus de Abraão, o Temor de Isaque, não estivesse comigo, certamente você me despediria de mãos vazias. Mas Deus viu o meu sofrimento e o trabalho das minhas mãos e, na noite passada, ele manifestou a sua decisão. (Gênesis 31:38-42)

Jacó havia completado seus quatorze anos. Ele absorveu as perdas. Aguentou o mau tempo e resistiu aos momentos desfavoráveis. Labão não discordou. Ele não podia discordar. Jacó não apenas sobrevivera à temporada com Labão; ele prosperara. Ele havia desenvolvido uma fé mais profunda. Então, ele declarou para todos ouvirem: "Deus viu minhas dificuldades". Deus usou Labão para moldar Jacó.

Deus está usando seu Labão para moldá-lo?

Você preferiria uma vida sem Labão. Quem não preferiria?

Mas a vida vem com Labões. Se nessa temporada houver alguém perseguindo você como um peixe em um tanque, lembre-se: Deus usa pessoas peculiares para trazer à tona o melhor de seu povo.

Tente o seguinte: *fale com Deus sobre seu Labão*. Pergunte a ele: "Senhor, que lições você está me ensinando através deste bagre?".

E isto: *agradeça a Deus por seu Labão*. "Meus irmãos, considerem motivo de grande alegria o fato de passarem por diversas provações, pois vocês sabem que a prova da sua fé produz perseverança" (Tiago 1:2,3).

Os Labões em sua vida podem fazer você querer arrancar os cabelos — mas também podem deixá-lo desesperado por Deus. E isso é uma bênção inestimável. Então, da próxima vez que a vida lhe der Labões... Você sabe o que fazer!

Seu Labão não estará por perto para sempre. O dia se aproxima em que você, como Jacó, será libertado. Até lá, confie no propósito e na promessa de Deus.

Você será melhor por causa disso.

FACE A FACE COM VOCÊ MESMO

Gênesis 32:1-32

CAPÍTULO 8

- Você pensou que tinha a capacidade de salvar sua carreira. Apenas registre mais horas, contate mais clientes, empenhe-se mais. Por alguns anos, essa abordagem funcionou. Mas, então, as paredes desabaram. A economia afundou. A empresa faliu e ameaça levar você junto com ela. De repente, você sente o mundo girando à sua volta, fora de controle...
- Seu casamento sempre foi um desafio, mas vocês dois conseguiram mantê-lo. Pouco a pouco, no entanto, a ponte foi erodindo. Você está ficando sem recursos, sem esperança. Nas últimas semanas, vocês mal se falaram. Compartilham a mesma casa, mas não o mesmo coração. É uma luta constante esse casamento.
- Você manteve seu vício em segredo. Você dominou a habilidade de parecer sóbrio. Você sabe qual vodca beber e qual enxaguante bucal usar. Você se convenceu de que poderia lidar com isso. Mas você não viu o sinal vermelho. Agora o carro está destruído, e você também. Você nunca conheceu o interior de uma cela de prisão antes. Você conhecerá esta noite.

A vida vem com pontos de inflexão, momentos decisivos em que sabemos que nosso mundo está prestes a mudar. Acontecimentos que deixam uma marca na trajetória da vida. Encruzilhadas que exigem uma decisão. Seguir por esse caminho? Ou por aquele? Todo mundo tem as suas encruzilhadas. Você tem. Eu tenho. Jacó teve. A de Jacó veio com um nome: Jaboque.

A essa altura, Jacó já se havia despedido de Labão. A Mesopotâmia estava em seu espelho retrovisor. Ele chegara como um homem em fuga, apenas com seu cajado na mão, fugindo de seu irmão gigante. Duas décadas depois, ele partiu com quatro mulheres, onze filhos e uma filha. Ele liderava uma tribo de servos e rebanhos de ovelhas, gado, cabras e camelos.

Não sabemos se Jacó pensou em Esaú durante seu exílio. Mas deve ter pensado. Jacó deve ter temido a raiva que o esperava em seu retorno. Ele havia burlado o direito de primogenitura de seu irmão mais velho, transformando Esaú no motivo de chacota do clã. A última vez que Jacó ouviu o nome de Esaú foi em meio ao pânico. Sua mãe o havia alertado: "Saia antes que seu irmão mate você!".

E Esaú realmente o teria matado.

A essa altura, o irmão mais velho era uma espécie de nobre. Sua casa chegava às centenas, e seus rebanhos, aos milhares. Jacó não poderia sobreviver em Canaã sem o favor de Esaú. Será que Esaú estava decidido a se vingar? Ou deixaria o passado para trás?

Essa era a preocupação de Jacó enquanto se dirigia para o sul pelas colinas no lado leste do rio Jordão, perto de Jaboque.

Então, Deus deu a Jacó alguma segurança. Ele revelou o exército de anjos que o cercava. "Jacó também seguiu o seu caminho, e anjos de Deus vieram ao encontro dele. Quando Jacó os avistou, disse: 'Este é o exército de Deus!'. Por isso deu àquele lugar o nome de Maanaim [acampamento]" (Gênesis 32:1,2).

A palavra usada aqui para *acampamento* aparece em outro lugar nas Escrituras para descrever centenas de milhares de soldados (1Crônicas 12:22). Quando Jacó deixou Canaã, os anjos o encontraram (Gênesis 28:2) e, quando ele voltou, eles o encontraram novamente. Fileira por fileira, eles se moviam no céu como ondas iridescentes da aurora boreal. Talvez tenha sido a presença deles que deu a Jacó a coragem de enviar servos à frente de seu irmão.

> E lhes ordenou: "Vocês dirão o seguinte ao meu senhor Esaú: assim diz teu servo Jacó: Morei na casa de Labão e com ele permaneci até agora. Tenho bois e jumentos, ovelhas e cabras, servos e servas. Envio agora esta mensagem ao meu senhor, para que me recebas bem". (Gênesis 32:4,5)

FACE A FACE COM VOCÊ MESMO

Você reparou na linguagem de Jacó? "Meu senhor Esaú", "envio agora esta mensagem ao meu senhor", "para que me recebas bem". Jacó, pelo menos na escolha de palavras, abordou Esaú com humildade, suplicando por misericórdia. Será que seu apelo fez alguma diferença? Leia o próximo versículo e tire suas próprias conclusões.

> Quando os mensageiros voltaram a Jacó, disseram-lhe: "Fomos até seu irmão Esaú, e ele está vindo ao seu encontro, com quatrocentos homens". (Gênesis 32:6)

Jacó engoliu em seco. Quatrocentos membros do clã marchavam ao seu encontro. Mas isso não era um problema. Um exército de anjos pairava acima dele. Jacó se recompôs, disse à família para não temer e seguiu em frente, certo? Não exatamente.

> Jacó encheu-se de medo e foi tomado de angústia. Então dividiu em dois grupos todos os que estavam com ele, bem como as ovelhas, as cabras, os bois e os camelos, pois assim pensou: "Se Esaú vier e atacar um dos grupos, o outro poderá escapar". (Gênesis 32:7,8)

Oh, como Jacó vacilava! Em um momento, ele estava conversando com anjos, no momento seguinte, estava aterrorizado por soldados. Nosso herói teve mais altos e baixos do que uma montanha-russa.

No entanto, para que não sejamos muito duros com Jacó, vamos para o próximo trecho. Jacó, pela primeira vez em vinte anos, fez uma oração. E uma oração maravilhosa!

> "Ó Deus de meu pai Abraão, Deus de meu pai Isaque, ó Senhor que me disseste: 'Volte para a sua terra e para os seus parentes e eu o farei prosperar'; não sou digno de toda a bondade e lealdade com que trataste o teu servo. Quando atravessei o Jordão, eu tinha apenas o meu cajado, mas agora possuo duas caravanas. Livra-me, rogo-te, das mãos de meu irmão Esaú, porque tenho medo que ele venha nos atacar, tanto a mim como às mães e às crianças". (Gênesis 32:9-11)

Quem é esse Jacó? Ele ora como um homem que depende da bondade de Deus. Será que ele aprendeu a lição que Deus havia ensinado durante todos aqueles anos vivendo sob a astúcia de Labão? Ele lembrou a Deus das promessas que ele havia feito. Reconheceu que não era digno da graça e da fidelidade de Deus. Deu crédito a Deus por sua abundante riqueza. E então disse, em outras palavras: "Se você não me ajudar, estarei frito".

Jacó agiu rapidamente, desesperado para evitar um banho de sangue. Ele começou a enviar presentes para Esaú. Uma caravana após a outra de rebanhos: cabras, ovelhas, cordeiros, camelos, bois, burros. Ele enviou cerca de 550 animais organizados em seis grupos.

Jacó instruiu os pastores a dizerem a Esaú que "teu servo Jacó está vindo atrás de nós" (Gênesis 32:20). A palavra hebraica usada aqui para "servo" reconhecia um status de inferioridade;[1] como se Jacó estivesse dizendo: "Eu sou um idiota. Eu sou um tolo. Você é a pessoa mais notável da família". Em pouco tempo, os presentes foram entregues. Ele mandou todos atravessarem o rio e ficou para trás, para passar a noite sozinho.

Na minha opinião, o que aconteceu a seguir merece um lugar no grande salão dos momentos sagrados: Moisés no Monte Sinai. Elias no Monte Carmelo. Jesus no Rio Jordão e no Calvário.

Você faz sua lista. Eu farei a minha, mas vamos garantir que ambas as listas incluam Jacó em Jaboque.

Jaboque. O próprio nome do rio transmite a sensação de força e agressão. Parece que Jacó será física e mentalmente desafiado durante toda a noite.

> E Jacó ficou sozinho. Então veio um homem que se pôs a lutar com ele até o amanhecer. Quando o homem viu que não poderia dominá-lo, tocou na articulação da coxa de Jacó, de forma que lhe deslocou a coxa, enquanto lutavam. Então o homem disse: "Deixe-me ir, pois o dia já desponta". Mas Jacó lhe respondeu: "Não te deixarei ir, a não ser que me abençoes". O homem lhe perguntou: "Qual

---

[1] John R. Coats, *Original Sinners: A New Interpretation of Genesis.* New York: Free Press, 2009. p. 160.

FACE A FACE COM VOCÊ MESMO

é o seu nome?". "Jacó", respondeu ele. Então disse o homem: "Seu nome não será mais Jacó, mas sim Israel, porque você lutou com Deus e com homens e venceu". (Gênesis 32:24-28)

Essa passagem é tão misteriosa quanto o estranho que ela descreve. Aqui é onde minha imaginação me leva: alguém agarrou Jacó pelo pescoço e o jogou no chão. Jacó levantou-se rapidamente e atacou o agressor, lançando o ombro no estômago dele, até que ambos caíram no chão. O desconhecido empurrou Jacó e pulou em cima dele, pressionando seus ombros no aterro lamacento.

Para frente e para trás, os dois lutaram. A água de Jaboque rugindo. O vento da noite uivando. A dupla grunhindo, dando cotoveladas, agarrando, arranhando, montando e lutando. Queixo a queixo.

Jacó lutando por cima.

O estranho pelejando por cima.

Jacó tentou fugir. O atacante o arrastou de volta. Corpos escorregadios de lama. Pele molhada de suor. Não disseram nenhuma palavra. Eles ofegavam como cavalos. Saltavam como gazelas. Um borrão de fúria. Virando, escorregando, esquivando-se e lutando.

Jacó sempre lidou com seus problemas sozinho. Acaso ele não suportou a caminhada pelo deserto? Não sobreviveu a Labão e seus truques? Não acumulou uma fortuna e um clã? Ele lutou suas próprias batalhas. Ele era habilidoso, astuto e engenhoso, sempre conseguindo sair por cima. Ele acreditava que poderia fazer isso novamente.

Mas o Homem não recuaria.

A horas foram passando. Durante toda a noite, eles lutaram. Finalmente, Jacó viu o primeiro indício do nascer do sol em uma colina distante. "Quando o homem viu que não poderia dominar Jacó, tocou-lhe na articulação da coxa, de forma que a deslocou enquanto lutavam" (Gênesis 32:25).

Quem era esse estranho? Jacó diria mais tarde: "Vi Deus face a face e, todavia, minha vida foi poupada" (Gênesis 32:30).

Jacó realmente prevaleceu contra Deus? A resposta é sim, até que Deus deixou claro seu propósito.

Deus permitiu que Jacó lutasse até parecer que Jacó estava no controle. Então, com um toque, Deus deslocou seu quadril, e deixou Jacó mancando, de volta para sua família. É como se Deus dissesse: "Já chega, Jacó". Ele tocou Jacó com uma força que Jacó nunca havia sentido. Jacó caiu no chão, quebrado e humilhado.

Eu vejo simbolismo nessa lesão. O quadril é a maior articulação de sustentação de peso do corpo e envolve alguns dos músculos mais fortes. No entanto, era como massa de modelar ao toque do Estranho. Além do mais, esse dano ao quadril de Jacó foi mais do que um dano a uma articulação. A palavra usada nessa passagem pode referir-se a órgãos vitais.[2] O toque deixou a masculinidade de Jacó redefinida.

A mensagem do deslocamento? "Você não é tão forte quanto pensa! Confie em mim."

Você conhece a lama de Jaboque?

Eu conheço. Os registros em meu diário não usam o nome do rio. Mas certamente falam de ocasiões em que lutei com Deus.

Uma das situações mais dramáticas ocorreu vinte anos atrás, quando eu tinha cerca de cinquenta anos. Para um observador desatento, eu estava no topo do mundo. Nossa nova igreja estava lotada, com novos membros chegando a cada semana. A congregação tinha pouquíssimas dívidas e nenhuma dúvida de que seu pastor estava fazendo um ótimo trabalho.

Nossa igreja realmente apareceu na lista de atrações populares de San Antonio. Empresas de turismo transportavam turistas para nossos cultos. A revista *Christianity Today* enviou um repórter para escrever um perfil sobre mim. O escritor me chamou de "Pastor dos Estados Unidos". A *Reader's Digest*, por sua vez, me designou como o "Melhor pregador dos Estados Unidos".

Todos os cilindros estavam funcionando. Eu transformei sermões em livros. Meu editor transformou livros em eventos de grande porte. Eu escrevi histórias infantis e gravei vídeos para crianças. Foi uma loucura!

O que ninguém sabia era o seguinte: eu estava um caos.

---

[2] Walter Brueggemann, *Genesis Interpretation: A Bible Commentary for Teaching and Preaching*. Louisville: Westminster John Knox Press, 1982. p. 270.

FACE A FACE COM VOCÊ MESMO

Nossa equipe estava se digladiando. Os departamentos estavam se enfrentando. E-mails inadequados eram continuamente enviados. Ministros estavam competindo por dinheiro no orçamento. Alguns funcionários inestimáveis, cansados da tensão, haviam pedido demissão silenciosamente. E, como eu era o pastor sênior, cabia a mim colocar todas essas coisas em ordem.

Mas quem tinha tempo para brigas internas? Eu tinha aulas para preparar. O problema com os domingos é que eles acontecem todas as semanas! Além disso, eu presidia um culto de oração no meio da semana e ensinava em uma reunião semanal de homens de manhã cedo. Os prazos estavam chegando de todos os lados. Eu precisava de tempo para pensar, orar e estudar.

Além do mais (ou consequentemente), eu não estava saudável. Meu coração tinha o ritmo de uma mensagem em código Morse: irregular e inconsistente. O cardiologista me diagnosticou com fibrilação atrial, me receitou remédios e me disse para diminuir o ritmo. Mas como fazer isso?

A equipe de obreiros precisava de mim.

O púlpito requeria de mim.

A editora contava comigo.

O mundo inteiro estava olhando para mim.

Então, eu fiz o que veio à minha cabeça. Comecei a beber.

Não publicamente. Eu era o sujeito que entra na loja de conveniência, compra uma lata grande de cerveja, esconde-a em uma sacola e a pressiona contra a coxa, para que ninguém veja enquanto sai correndo porta afora. Minha loja favorita ficava do outro lado da cidade, para não correr o risco de ser visto. Eu entrava no carro, tirava a lata da sacola e bebia até que a bebida aliviasse a pressão das demandas do dia.

Era assim que o "Pastor dos Estados Unidos" estava lidando com sua vida caótica.

Meu Jaboque, no fim das contas, era um estacionamento. A luta durou quase uma hora em uma tarde de primavera. Eu disse a Deus que tinha tudo sob controle. Os problemas com a equipe eram administráveis. Os prazos eram administráveis. O estresse era administrável. A bebida era administrável. Mas, então, veio um momento de verdade. Deus não tocou meu quadril,

89

mas falou ao meu coração. *Sério, Max? Se você tem tudo sob controle, se tem uma solução para esse problema, então por que está se escondendo em um estacionamento, bebendo uma cerveja que camuflou em um saco de papel pardo?*

Jaboque. Aquele momento em que Deus o coloca frente a frente com você mesmo, e o que você vê não agrada a ele.

Jaboque. Quando você usa todas as suas forças apenas para descobrir que sua força não lhe dará aquilo de que você precisa.

Jaboque. Um simples toque no quadril que faz você cair de joelhos.

Ainda assim, mesmo naquele momento, ou especialmente naquele momento, Deus dispensa graça. Veja o que aconteceu em seguida com Jacó.

> O homem lhe perguntou: "Qual é o seu nome?". "Jacó", respondeu ele. (Gênesis 32:27)

Na página de sua Bíblia, quase não há espaço entre a pergunta e a resposta. Em tempo real, porém, eu sinto uma pausa, uma pausa longa e dolorosa. *Qual é o seu nome?* Havia apenas uma resposta, e Jacó engasgou para cuspi-la. *Meu... nome... é... Jacó.* Isso foi uma confissão. Jacó estava admitindo a Deus que ele era, de fato, um *Jacó*: um calcanhar, um trapaceiro, um vigarista, um operador inteligente, uma fraude. "É o que eu sou. Eu sou um Jacó."

> Então disse o homem: "Seu nome não será mais Jacó, mas sim Israel, porque você lutou com Deus e com homens e venceu". (Gênesis 32:28)

Receber um novo nome. E receber *esse* nome.[3] *Israel* significa "Deus luta" ou "Deus se esforça". O nome honra e continua a honrar o poder e a lealdade de Deus.

---

[3] *Israel* é uma combinação de duas palavras hebraicas que significam "luta" (*sarah*) e "Deus" (*el*). Aparece 2.431 vezes na Bíblia, e não faltam discussões sobre seu significado. Alguns supõem que Jacó recebeu esse nome porque lutou com Deus. No entanto, quando "El" ou "Jah", nomes de Deus, são usados, Deus é sempre o sujeito da ação. Daniel significa "Deus julga". Gabriel significa "Deus é minha força". Os nomes de Deus descrevem as ações de Deus. Veja *Baker Theological Dictionary of the Bible* (Ada: Baker Academic, 2001), p. 379, e Arthur W. Pink, *Gleanings in Genesis* (Chicago: Moody, 1950), p. 292. "Existe alguma dúvida sobre seu significado, embora um palpite sobre o sentido original do nome seja: 'Deus governará' ou talvez 'Deus prevalecerá'". Robert Alter, *Genesis: Translation and Commentary* (Nova York: W. W. Norton, 1996), p. 182.

FACE A FACE COM VOCÊ MESMO

O velho Jacó lutou por si mesmo. O velho Jacó confiava em sua inteligência, malandragem e pés rápidos. Jacó, ele mesmo, cuidou de si mesmo. O novo Jacó tinha uma nova fonte de poder: Deus. Desse dia em diante, cada introdução seria um lembrete da presença de Deus. "Olá, meu nome é Deus luta." Cada chamada para jantar, uma instrução de boas-vindas: "Deus luta, é hora de comer". Seu endereço de e-mail era deusluta@israel.com. Seu cartão de visita lembrou a todos que o leram sobre o verdadeiro poder de Israel: "Deus luta". Seu antigo nome refletia seu antigo eu. Seu novo nome refletia sua nova força. "Deus luta."

Que tamanha graça!

Deus a estendeu a mim. Abundantemente. Confessei minha hipocrisia aos nossos presbíteros e eles fizeram o que os bons pastores fazem. Eles me cobriram de orações e elaboraram um plano para me ajudar a lidar com as demandas. Admiti minha luta para a congregação e, ao fazê-lo, iniciei cerca de uma dúzia de conversas com membros que lutavam contra a mesma tentação.

Não vemos mais ônibus de turismo em nosso estacionamento, e eu estou em paz com isso. Gosto de uma cerveja ocasional — mas pelo sabor, não para diminuir o estresse. E, se alguém menciona o apelido de "Pastor dos Estados Unidos", uma imagem me vem à mente: a imagem de um pregador cansado e solitário no estacionamento de uma loja de conveniência.

Deus me encontrou lá naquele dia. Ele também me deu um novo nome. Não Israel. Esse já foi usado. Mas "perdoado". E estou feliz em usá-lo.

TEMPO PRETÉRITO

Gênesis 33

CAPÍTULO 9

Fred Snodgrass viveu de forma extraordinária. Durante suas mais de oito décadas, ele jogou beisebol profissional por nove anos. Ele teve sucesso como fazendeiro e banqueiro. Ele serviu como prefeito de Oxnard, Califórnia. Foi um homem de família exemplar e um cidadão modelo.

No entanto, quando ele faleceu, em 1974, o título do obituário não ressaltou suas realizações. O *New York Times* destacou o erro mais famoso de Fred Snodgrass. A chamada dizia: "Morre Fred Snodgrass, aos 86 anos. Deixou cair uma bola em 1912".[1]

É verdade que Snodgrass deixou cair a bola durante o último jogo da Série Mundial de 1912. Se ele tivesse pegado a bola, os New York Giants teriam vencido o campeonato. No entanto, Snodgrass a perdeu de vista e ela caiu no chão, resultando em dois pontos para o time adversário, uma derrota e um erro que o acompanhou até sua morte.

Nós fizemos o mesmo. Não no campo externo de um jogo de beisebol, mas em _____. Você se importaria de preencher o espaço em branco?

- um casamento;
- um negócio;
- sua juventude;
- sua paternidade ou maternidade.

Não deixamos a bola cair, mas deixamos nosso cônjuge na mão, nossa guarda baixa, nossa dívida sair de controle. Vivemos, não com o estigma de

---

[1] "Fred Snodgrass, 86, Dead Ball Player Muffed 1912 Fly", *New York Times*, [s.l.], 6 abr. 1974. Disponível em: <https://www.nytimes.com/1974/04/06/archives/fred-snodgrass-86-dead-ball-player-muffed-1912-fly.html>. Acesso em: 15 ago. 2023.

DEUS NÃO DESISTE DE VOCÊ

um jogo perdido, mas com uma família dividida, um coração partido ou um irmão zangado.

Esse foi o caso de Jacó.

Como você deve se lembrar, ele e Esaú eram gêmeos separados em idade pelo tempo que Jacó levou para sair do útero. Jacó se ressentiu do segundo lugar e, quando viu a oportunidade de reverter a situação, não pestanejou. Ele se aproveitou da fome e do mau humor de Esaú, convencendo-o a trocar sua primogenitura por uma tigela de ensopado. Jacó conseguiu o que queria, mas queimou pontes para conseguir.

Quando deixamos Esaú pela última vez, a tempestade rugia nele como lava em Krakatoa. Ele murmurou sobre Jacó.

> E disse Esaú: "Não é com razão que o seu nome é Jacó? Já é a segunda vez que ele me engana! Primeiro, tomou o meu direito de filho mais velho e agora recebeu a minha bênção!" [...] Esaú guardou rancor contra Jacó por causa da bênção que seu pai lhe dera. E disse a si mesmo: "Os dias de luto pela morte de meu pai estão próximos; então matarei meu irmão Jacó". (Gênesis 27:36,41)

Jacó soube da raiva de Esaú e fugiu para se esconder até que o irmão se acalmasse. No entanto, chegou a hora de Jacó sair do esconderijo e confrontar Esaú.

E o Senhor disse a Jacó: "Volte para a terra de seus pais e de seus parentes, e eu estarei com você" (Gênesis 31:3). Para voltar à terra, Jacó teve de retornar à região onde Esaú morava. Chega de se esconder. Chega de correr. Jacó teria ficado feliz em evitar o encontro, mas Deus, não. Encontrar Esaú era uma necessidade espiritual.

Para seguir em frente rumo ao seu futuro, Jacó teve de ficar face a face com seu passado.

Ele não é o único herói bíblico a ter uma história sórdida em sua biografia. Moisés tinha sangue nas mãos pelo assassinato de um egípcio (Êxodo 2:12). Abraão mentiu sobre sua esposa, fazendo-a passar por irmã, para salvar seu pescoço (Gênesis 12:12-13). Elias, o profeta, teve fé suficiente para

94

TEMPO PRETÉRITO

invocar fogo do céu em um dia e medo suficiente para levá-lo a se esconder no dia seguinte (1Reis 18-19:10). Ester tomou uma atitude corajosa, mas, antes, escondeu sua identidade judaica do rei (Ester 2:20).

Tem algumas manchas no seu passado? Pedro pode se identificar. Na noite em que Cristo mais precisava dele, o discípulo amaldiçoou o próprio nome de Jesus (Mateus 26:69-75). Paulo tinha esqueletos em seu armário. O apóstolo cujas palavras valorizamos, estudamos e memorizamos? Ele mesmo confessou: "Persegui os seguidores deste Caminho até a morte, prendendo tanto homens como mulheres e lançando-os na prisão" (Atos 22:4). Paulo tentou, ativamente, "devastar a igreja" (Atos 8:3, NBV-P). A palavra grega para "devastar" denota uma crueldade brutal e sádica.[2] Sua agressão não foi um mero lapso de julgamento ou de indiscrição juvenil.

Moisés tinha sangue nas mãos.

Abraão era um mentiroso descarado.

Elias era um covarde.

Jacó era um mentiroso e um trapaceiro.

Ester manteve sua fé em segredo.

Pedro era um traidor.

Paulo era um assassino.

No entanto, Deus usou todos eles. Cada um deles escolheu confiar seu futuro a Deus e, porque o fizeram, seu passado não os prendia mais.

Deus não se deixa levar por nossa(s) fase(s) embaraçosa(s). Com sua ajuda, podemos dizer o que Paulo disse: "Mas uma coisa faço: esquecendo-me das coisas que ficaram para trás e avançando para as que estão adiante, prossigo para o alvo, a fim de ganhar o prêmio do chamado celestial de Deus em Cristo Jesus" (Filipenses 3:13,14).

Paulo deixou seu passado no passado e fixou os olhos no futuro. Você deseja fazer o mesmo? Aprenda com a história de Jacó.

No grande dia do encontro com Esaú, o patriarca, exausto e tocado por Deus, voltou mancando para seu acampamento. "Esaú estava se aproximando,

---

[2] William Barclay, *The Acts of the Apostles*. Philadelphia: Westminster, 1976. p. 64.

com quatrocentos homens" (Gênesis 33:1). Ele podia ver Esaú à distância, do outro lado do campo. O irmão grande e musculoso caminhava uma dúzia de passos à frente de sua milícia. Sua barba ainda era ruiva. Seus braços ainda eram grossos. Havia um arco e uma aljava pendurados em suas costas. Era Jacó, o "salsichinha", contra Esaú, o dobermann.

As próximas ações nos deixam indagando quem estava no comando: se o antigo Jacó ou o novo Israel.

Ele enviou sua família primeiro. Ele dividiu seus filhos entre suas mães e as enviou em sequência: primeiro, Bila e Zilpa, as servas. Em seguida, Lia, a esposa que ele não queria. Finalmente, Raquel, a esposa que ele amava, e seu filho, José. A decisão foi tomada por Jacó, e o significado disso não passou despercebido a ninguém.

Mas, então, o novo Israel deu sinais de sua presença. "Ele mesmo passou à frente e, ao aproximar-se do seu irmão, curvou-se até o chão sete vezes" (Gênesis 33:3).

Jacó, em sua tolice, poderia ter corrido para se esconder.

Israel, mancando, não teve escolha a não ser confiar. Ele se prostrou como um vassalo diante de um rei em uma corte antiga. Alguns passos e, em seguida, nariz e testa no chão. Mais alguns passos e depois de cara no chão. Mais cinco vezes ele se abaixou até a terra. Obsequioso ao extremo. E, então, de repente, "Esaú correu ao encontro de Jacó e abraçou-se ao seu pescoço, e o beijou. E eles choraram" (Gênesis 33:4).

Quando Esaú rejeitou sua primogenitura, o narrador descreveu o momento com cinco verbos destacados: *comeu, bebeu, levantou-se, saiu, desprezou* (Gênesis 25:34). Agora, no momento da reconciliação, dispara rapidamente cinco verbos de sentimento oposto: *correu, abraçou, caiu, beijou, chorou.*

Esaú o abraçou tão forte que Israel quase perdeu o fôlego. Esaú soltou-o por tempo suficiente para olhar para seu rosto. Os olhos dos gêmeos se encontraram pela primeira vez em vinte anos.

Ambos os olhos se encheram de lágrimas e choraram.

Eles choraram de alívio.

Eles choraram com perdão.

TEMPO PRETÉRITO

Eles choraram diante da possibilidade de um novo começo, um recomeço. Esaú chorou porque seu irmão estava em casa.

Israel chorou porque ficou face a face com seu passado apenas para descobrir que seu passado não tinha poder sobre sua vida.

Deus foi adiante dele. Deus havia cumprido a promessa que havia feito em Betel: "Estou com você e cuidarei de você, aonde quer que vá; e eu o trarei de volta a esta terra" (Gênesis 28:15).

A jornada veio por ordem de Deus e com a provisão de Deus. Ele enviou anjos para dar as boas-vindas a Jacó na terra. Ele abençoou Jacó com um novo nome. Ele despojou Jacó do poder humano, deixando-o depender de Deus. Deus abrandou o coração de Esaú. Essa não é uma história da coragem de Jacó. É uma história da "dedicação obstinada do Todo-Poderoso em amar a humanidade e implementar seu plano por meio de pessoas imperfeitas".[3]

Deus conduziu Jacó ao seu futuro, ajudando-o a enfrentar seu passado.

Não precisamos que ele faça o mesmo por nós?

Podemos nos identificar com as palavras de Paulo. "Sei que nada de bom habita em mim, isto é, em minha carne. Porque tenho o desejo de fazer o que é bom, mas não consigo realizá-lo. Pois o que faço não é o bem que desejo, mas o mal que não quero fazer esse eu continuo fazendo. [...] Miserável homem que eu sou! Quem me libertará do corpo sujeito a esta morte?" (Romanos 7:18-19,24).

O passado de Paulo era como areia movediça. Quanto mais ele lutava, mais afundava. Quando pensamos que ele estava prestes a sucumbir, ele anunciou: "Graças a Deus por Jesus Cristo, nosso Senhor! [...] Portanto, agora já não há condenação para os que estão em Cristo Jesus" (Romanos 7:25; 8:1).

Paulo descobriu uma zona livre de culpa. Por meio de Jesus, todas as correntes e algemas caíram por terra. Paulo superou seu passado. Não é pouca coisa para um assassino, divisor de igrejas e hipócrita autoproclamado. No entanto, ele confiou a Deus seu futuro e seguiu em frente.

Faça o mesmo.

---

[3] Steinmann, *Genesis*, p. 318.

"Se confessarmos os nossos pecados, ele é fiel e justo para perdoar os nossos pecados e nos purificar de toda injustiça" (1João 1:9). Observe quem está ativo nesta passagem: "Ele perdoará os nossos pecados". Podemos confiar que Deus fará o que é certo: "Ele nos purificará". O remédio para nosso pecado não é nosso trabalho, mas o trabalho de Deus. Diga a Cristo o que você fez. Seja específico. Não guarde nada. Nenhum pecado é tão antigo, mau ou insignificante. Você não foi feito para carregar esse peso. Só Jesus pode removê-lo. Peça a ele para fazê-lo. Pegue sua culpa em suas mãos como se fosse uma pedra e entregue-a a ele.

"Jesus, por favor, tire isso de mim?"

Você sabe como ele vai responder. "Venham a mim, todos os que estão cansados e sobrecarregados, e eu lhes darei descanso" (Mateus 11:28).

Paul Hegstrom aceitou esse convite. Seu passado foi vergonhoso. Uma semana depois de seu casamento, ele começou a bater em sua esposa. Ataques de raiva levavam à violência quase semanalmente. Quando as crianças nasceram, ele também batia nelas. Após dezesseis anos de casamento, sua esposa desistiu e saiu de casa.

O divórcio não foi um alerta suficiente. Sua raiva descontrolada arruinou relacionamento após relacionamento. Uma mulher ameaçou apresentar queixa por tentativa de homicídio. Isso foi o suficiente para chamar a atenção de Hegstrom. Ele partiu para encontrar a raiz de sua raiva. Ele procurou aconselhamento. Mais importante, ele se encontrou com Deus.

Pouco a pouco, Hegstrom começou a reconstruir os relacionamentos que havia destruído. O processo foi longo. Conquistar a confiança das pessoas levou tempo. Por fim, sua ex-esposa se apaixonou por ele e eles se casaram novamente.

Assim como Jacó se tornou Israel, o velho Paul Hegstrom se tornou um novo homem. Sua vida tomou um novo rumo. Ele iniciou um ministério que ajuda homens que estão presos em um ciclo de raiva e abuso.[4]

---

[4] Paul Hegstrom, *Angry Men and the Women Who Love Them: Breaking the Cycle of Physical and Emotional Abuse* (Kansas City: Beacon Hill, 1999), como citado por John H. Walton, *Genesis*, p. 566-67.

TEMPO PRETÉRITO

Caso não tenha ficado claro, deixe-me explicar a mensagem subjacente ao reencontro de Jacó e Esaú: você não pode superar seu passado sem a ajuda de Deus. Sem ele, você vai justificá-lo, negá-lo, evitá-lo ou reprimi-lo. Mas, com a ajuda de Deus, você pode seguir em frente.

É hora de fazer isso. Deixe Deus pronunciar sobre você a maior das bênçãos: "Portanto, se alguém está em Cristo, é nova criação. As coisas antigas já passaram; eis que surgiram coisas novas!" (2Coríntios 5:17).

Você não é mais Jacó. Você é Israel, e Deus luta por você.

Você não mais se vangloria com falsa força; você manca no poder de Deus.

Você não precisa mais temer Esaú. Deus foi à sua frente. Ele preparou o caminho e pavimentou a estrada.

Seu Esaú, seu passado, agora é seu irmão. Abrace-o. E chore de alegria.

À SOMBRA
DE SIQUÉM

Gênesis 34

CAPÍTULO 10

Não há maneira de tornar este capítulo agradável. Nenhuma quantidade de maquiagem cobrirá os hematomas. Nenhuma quantidade de tinta esconderá a podridão. Nenhuma quantidade de perfume disfarçará o mau cheiro. Um tapete de seda pode ser feito com pelos de porco? Impossível.

Portanto, esteja avisado. Esse evento na vida de Jacó é brutal. O incidente de Siquém envolveu um predador sexual, engano generalizado, sacrilégio, derramamento de sangue e genocídio. Dificilmente seria material de uma aula de escola dominical. Mas certamente é o trágico material da vida.

As Escrituras são diretas sobre a faceta obscura da natureza humana. Deixado à própria sorte, o coração humano é perverso. E, por ser assim, a história testemunha eventos terríveis como o massacre em Siquém.

Esta é uma história com bordas irregulares, áspera como uma faca de pedra. Embora não seja fácil de ler, a mensagem é clara: *Não se contente com Siquém quando a bênção está em Betel.*

A ordem que Deus deu a Jacó na terra natal de Labão dificilmente poderia ser mais clara: "Sou o Deus de Betel, onde você ungiu uma coluna e me fez um voto. Saia agora desta terra e volte para a sua terra natal" (Gênesis 31:13).

O itinerário era singular: viagem a Betel. Não havia necessidade de escala, nenhuma instrução para parar antes do destino. A lista de tarefas diárias de Jacó continha um item: ir para Betel. Então, como podemos explicar esses dois versículos?

> Tendo voltado de Padã-Arã, Jacó chegou a salvo à cidade de Siquém, em Canaã, e acampou próximo da cidade. Por cem peças de prata comprou dos filhos de Hamor, pai de Siquém, a parte do campo onde tinha armado acampamento. (Gênesis 33:18-19)

Siquém ficava a apenas trinta quilômetros de Betel.[1] Jacó havia percorrido oitocentos quilômetros desde a sua fuga de Labão. Ele estava perto de seu objetivo. Todavia, ele parou.

Por que ele armou sua tenda à sombra de Siquém? Escavações arqueológicas indicam que Siquém, a essa altura da história, era "uma imponente cidade fortificada. [Suas] muralhas cercavam uma cidade de cerca de dois hectares e, portanto, provavelmente era habitada por cerca de quinhentas a mil pessoas".[2] A cidade era um antigo centro comercial no cruzamento de rotas de comércio.

É fácil imaginar Jacó e seu clã nômade, cansados da viagem, cobertos pela poeira da estrada, sedentos por algo além de água e ansiosos por conversar com alguém que não fosse da família, decidindo armar suas tendas. Eles pararam a leste do Jordão, nas terras altas de Canaã. Eles conheceram alguns siquemitas. Iniciaram negócios. Fizeram alguns amigos. Compraram terra.

Jacó viveu para se arrepender de cada escolha.

"Certa vez, Diná, a filha que Lia dera a Jacó, saiu para conhecer as mulheres daquela terra" (Gênesis 34:1). Diná tinha cerca de quinze anos de idade.[3] Ela era a sétima filha de Lia, a caçula e a única filha de Jacó.

O resultado foi o pior possível: "Siquém, filho de Hamor, o heveu, governador daquela região, viu-a, agarrou-a e a violentou" (Gênesis 34:2).

Siquém era filho do rei. Ele tinha o mesmo nome da cidade. Ele era um canalha, um bandido. Sua moral era extremamente baixa. Siquém manteve Diná em sua casa (v. 26). Ele ficou obcecado por ela. Ele não apenas desonrou a filha de Jacó; ele disse a seu pai: "Consiga-me aquela moça para que seja minha mulher" (Gênesis 34:4). Tais palavras só poderiam ser ditas por um tolo machista. A notícia do estupro chegou a Jacó. "Quando Jacó soube que sua filha, Diná, tinha sido desonrada, seus filhos estavam no campo, com os rebanhos; por isso esperou calado até que regressassem" (Gênesis

---

[1] R. Kent Hughes, *Genesis*, p. 420.

[2] John H. Walton, *Genesis*, p. 630.

[3] Bruce K. Waltke; Cathi J. Fredricks, *Genesis*, p. 459.

34:5). Jacó não disse nada? Esperávamos uma reação explosiva e indignada; não uma apatia fria ou uma insensibilidade calejada.

Mas os irmãos de Diná não eram tão passivos. Quando souberam o que havia acontecido, "ficaram profundamente entristecidos e irados, porque Siquém tinha cometido um ato vergonhoso em Israel" (Gênesis 34:7). Esse é o primeiro uso nas Escrituras do nome *Israel* para denotar uma comunidade de pessoas. Os filhos interpretaram corretamente a atrocidade como um ato contra o povo de Deus. A ira ardeu em seus olhos e eles cerraram os lábios.

Hamor, pai de Siquém, fez uma oferta aos irmãos. "Meu filho Siquém apaixonou-se pela filha de vocês. Por favor, entreguem-na a ele para que seja sua mulher. Casem-se entre nós; deem-nos suas filhas e tomem para vocês as nossas. Estabeleçam-se entre nós. A terra está aberta para vocês: habitem-na, façam comércio nela e adquiram propriedades. Concedam-me este favor, e eu lhes darei o que me pedirem" (Gênesis 34:8-11).

Não houve desculpas. Nenhuma expressão de arrependimento. Nenhuma declaração de remorso. Em vez disso, Hamor apelou para o interesse próprio dos irmãos. "Deem Diná a Siquém. Daremos mulheres a vocês. Façamos casamentos entre os nossos povos. Muitos piqueniques e festas. Uma família grande e feliz."

E Jacó? Silencioso como a morte. Em nenhum momento ele defendeu a honra de Diná. Não vemos nenhuma raiva justa. Pelo amor de Deus, defenda sua filha! Fale por sua família! No entanto, ele não fez nada. Acaso ele estaria considerando o casamento fora da tribo? Siquém era uma cidade cananeia! O trem de Jacó saiu dos trilhos. Ele ousaria ignorar esse ato de pura misoginia?

Os filhos de Jacó, não. A irmã deles havia sido sexualmente violentada. Eles não ficariam sentados de braços cruzados. Simeão e Levi, irmãos de sangue de Diná, apresentaram o que logo se revelou uma das tramas mais sombrias e nauseantes da Bíblia. Eles disseram a Siquém e Hamor: "Não podemos fazer isso; jamais entregaremos nossa irmã a um homem que não seja circuncidado" (Gênesis 34:14).

O ato de circuncisão era sagrado, uma designação do povo escolhido por Deus. Era um símbolo de fé. No entanto, Simeão e Levi não tinham um ritual em mente. Eles queriam vingança.

Hamor e Siquém se aproximaram dos homens "que saíram para reunir-se à porta da cidade" (v. 24), ou seja, os homens que tinham ido para a guerra em nome de Siquém.[4] Eles (surpreendentemente) convenceram os soldados a obedecer. Eles enfatizaram a falta de agressividade de Jacó e omitiram completamente a violação de Diná por Siquém. Eles prometeram ganhos financeiros inesperados. "Lembrem-se de que os seus rebanhos, os seus bens e todos os seus outros animais passarão a ser nossos" (Gênesis 34:23). Luxúria. Estupro. Engano. Ambição. Existe algum momento redentor nessa história?

Boa sorte na busca.

"Todos os homens e meninos da cidade foram circuncidados" (Gênesis 34:24).

Três dias depois, quando os siquemitas ainda estavam convalescendo, Simeão e Levi se armaram com tochas, facas, espadas e porretes. Os filhos de Jacó "pegaram suas espadas e atacaram a cidade desprevenida, matando todos os homens" (Gênesis 34:25).

Nenhuma casa foi poupada. Os soldados de Siquém foram silenciados. Esposas e filhas lamentaram. As crianças vagavam pelas ruas. Os filhos de Jacó estavam cobertos de sangue. Simeão, Levi e sua gangue saquearam a cidade. Eles levaram as mulheres cativas, sequestraram crianças, roubaram gado, saquearam as lojas dos mercadores e as casas dos inocentes.

Que ato visceral e desprezível!

E Jacó? Ele interrompeu a trama? Tentou detê-los? Repreendeu seus filhos? Exigiu que eles devolvessem os bens roubados? Não. Até o final deste capítulo, Jacó era, bem, tão Jacó. A mesma obstinação que levou Jacó a se aproveitar de Esaú, enganar Isaque, negligenciar Lia — aquela mesma amnésia de Deus o levou mais uma vez a pensar apenas em si mesmo.

---

[4] Steinmann, *Genesis*, p. 325.

> Então Jacó disse a Simeão e a Levi: "Vocês me puseram em grandes apuros, atraindo sobre mim o ódio dos cananeus e dos ferezeus, habitantes desta terra. Somos poucos, e, se eles juntarem suas forças e nos atacarem, eu e a minha família seremos destruídos". Mas eles responderam: "Está certo ele tratar nossa irmã como uma prostituta?". (Gênesis 34:30-31)

Jacó colocou sua própria segurança acima da de sua filha. No final, ele foi tão culpado quanto Siquém. Quanto a Diná, ele nunca disse uma palavra. Ela não passou de um peão em uma luta de poder.

E Deus? Ninguém o invoca em busca de sabedoria. Ninguém ora por força. E, consequentemente, Jacó não é chamado de Israel. Ele recebera um novo nome, mas agia de acordo com sua velha natureza.

E assim a história termina. Que capítulo triste e desanimador! Não há heróis nem inspiração. Não há material para sermões edificantes. Buscamos inspiração no salmo 23, no Sermão da Montanha, no Domingo de Páscoa ou em Pentecostes.

Encontramos depravação neste capítulo. Por que está incluído nas Escrituras?

Simples. Precisamos do lembrete. Sem a ajuda de Deus, somos um desastre.

O coração humano é um lugar escuro. "Há no meu íntimo um oráculo a respeito da maldade do ímpio: Aos seus olhos é inútil temer a Deus" (Salmos 36:1).

"O coração é mais enganoso que qualquer outra coisa e sua doença é incurável. Quem é capaz de compreendê-lo?" (Jeremias 17:9).

Os homens massacrados de Siquém, a crueldade dos irmãos, o sangue de sua carnificina, a inércia do pai — tudo isso se combina para nos lembrar de uma mensagem fundamental: quando Deus não é buscado, quando a nova natureza é suprimida, quando a sociedade não se submete a ninguém acima de si mesma, o resultado é o caos. Nós nos tornamos selvagens. Vitimizamos os vulneráveis. Quebramos corações, lares, alianças e promessas.

DEUS NÃO DESISTE DE VOCÊ

Criamos um sistema envenenado.

Um sistema envenenado é aquele em que as pessoas reprimem suas melhores versões e alcançam o sucesso à custa de outras. Tal sistema valoriza o poder e a força em detrimento da gentileza e da graça. Culturas tóxicas geram facções e prosperam na desconfiança. Sociedades como a de Siquém produzem subordinados que são percebidos como menos que humanos, indesejáveis, indignos e intimidantes.

Siquém era uma cultura tóxica.

Jacó e seus filhos inalaram as toxinas.

Acaso não foi apenas um capítulo antes que Jacó vira anjos, lutara com Deus, recebera um novo nome e tivera seu relacionamento restaurado com Esaú? E agora isso. Do topo ao fundo do poço em uma virada de página.

Como o coração se contamina rapidamente!

Para ser claro, na análise cristã, a humanidade é valorizada, inestimável e destinada à glória. Somos criados à imagem de Deus. Somos dotados de comunhão e convidados ao descanso eterno.

No entanto, desperdiçamos nossa herança procurando ser Deus. Armamos nossa tenda à sombra de Siquém.

De que outra forma explicamos a corrupção do mundo? Apesar de todos os nossos avanços médicos e científicos, de todas as nossas descobertas em tecnologia e medicina, não lutamos contra as mesmas inclinações de nossos antepassados da Idade do Bronze? As mulheres ainda são objetificadas: quase uma em cada três mulheres em todo o mundo, com idades entre 15 e 49 anos, é vítima de violência física e/ou sexual. Uma em cada três![5]

Como é que o século 20 foi o mais mortífero da história? Guerras e genocídios fizeram mais de duzentos milhões de vítimas em cem anos! Embora hoje salvemos mais pessoas do que nunca, também encontramos maneiras de matar mais pessoas do que nunca. Considere o massacre sudanês da década de 1990. O massacre de Nanquim, o Gulag soviético, Auschwitz

---

[5] "Violence against women", *World Health Organization*, [s.l.], 9 mar. 2021. Disponível em: < https://www.who.int/news-room/fact-sheets/detail/violence-against-women >. Acesso em: 16 ago. 2023.

e os campos de extermínio do Camboja. O banho de sangue ruandês assistiu à morte de mais de oitocentos mil tútsis em menos de três meses. "Foi o equivalente a mais de dois massacres no *World Trade Center* todos os dias durante cem dias seguidos."[6]

Segundo Jesus, essa inclinação à violência não é um problema de fronteiras e de tratados violados. É uma questão do coração. "Pois do coração saem os maus pensamentos, os homicídios, os adultérios, as imoralidades sexuais, os roubos, os falsos testemunhos e as calúnias" (Mateus 15:19).

A avaliação do Céu sobre a condição humana não é favorável. Na verdade, isso me faz lembrar de um prognóstico que o médico me deu cinco dias atrás.

Deixe-me descrever o cenário em que estou escrevendo este capítulo e veja se você consegue adivinhar o nome da minha aflição. Estou em um quarto no andar de baixo da minha casa. Subi as escadas apenas para tomar remédios e dormir. Não tive interação face a face com ninguém além de minha esposa, e ela está vestindo um traje de proteção.

Você adivinhou? Sim, Covid-19. Em algum momento, inalei um pedaço de uma pandemia. Minha garganta doía. Meu corpo sofria. A febre tomou conta de mim. Meu estômago revirava. Meu nome foi adicionado à lista que tanto tentei evitar.

Todos nós lutamos com um vírus invisível, porém fatal. Não do corpo, mas da alma. Não Covid, mas pecado. Todos nós testamos positivo. Estamos todos infectados. Se não for tratado, "o salário do pecado é a morte" (Romanos 6:23).

O pecado rompe nosso relacionamento com Deus. Em vez de procurá-lo, nós o negamos. Em vez de amar seus filhos, nós os machucamos.

Mas existe um tratamento! Essas foram as palavras do médico para mim cinco dias atrás. Ele mal terminou de dizer que eu estava doente antes de começar a me falar sobre algo chamado imunoterapia. "Nós infundimos anticorpos em você. Regeneramos seu sistema doente com células saudáveis."

---

[6] Os Guinness, *Unspeakable: Facing Up to Evil in an Age of Genocide and Terror*. San Francisco: HarperCollins, 2005. p. 4-5.

Se isso não é uma ilustração da cura de Deus para o pecado, então não entendi o significado da palavra *evangelho*. Jesus levou sobre si o nosso pecado, nossa Covid-19 da alma. Ele, o único ser livre de vírus na história da humanidade, permitiu-se contagiar com a condição humana.

E pelas suas feridas fomos curados (Isaías 53:5).

Pois também Cristo sofreu pelos pecados uma vez por todas, o justo pelos injustos, para conduzir-nos a Deus (1Pedro 3:18).

Para tratar minha infecção, o médico me prendeu a uma bolsa intravenosa de células saudáveis. Para tratar nosso pecado, nosso Bom Pastor infundiu — e infunde — continuamente em nós a mais pura vida: "Já não sou eu quem vive, mas Cristo vive em mim" (Gálatas 2:20).

Fluindo pelas veias do santo, está a transfusão imaculada, que bloqueia doenças e dá vida, proveniente de Cristo. "O sangue de Jesus... nos purifica de todo pecado" (1João 1:7).

Deus nos dá o que o médico me deu: uma avaliação honesta de minha condição e uma provisão graciosa para tratá-la.

Mas meu médico não havia terminado. "Lucado", disse ele, "se você quer melhorar e não quer espalhar isso, precisa ser drástico. Quarentena por dez dias."

Então, aqui estou eu, sentado. Quinto dia de tédio absoluto. O tempo passa mais devagar do que a retração das gengivas. Mas uma grave condição exige séria vigilância.

O pecado não exige ainda mais cautela?

Qual é a sua Siquém? Que tentação o impede de seguir viagem até Betel? Que vozes o seduzem e distraem? O que o atrai para longe do seu destino?

Para deixar claro, se você tem o dom de Cristo em seu coração, você está salvo para a vida eterna. O pecado não pode destruí-lo, mas pode fazê-lo tropeçar. Ele ainda é capaz de o enredar e confundir. O pecado não pode tirar sua salvação, mas pode tirar sua alegria, paz de espírito e descanso.

À SOMBRA DE SIQUÉM

Não faça o que Jacó fez. Não se meta em negócios que não lhe dizem respeito. Tome medidas drásticas. Mantenha-se longe das situações de risco. Desconecte-se da internet. Quebre seus cartões de crédito. Junte-se aos Alcoólicos Anônimos. Cancele sua viagem para Las Vegas, Amsterdã, Rio de Janeiro ou para onde quer que estivesse planejado reviver sua juventude. Troque seu número de telefone. Termine com ela. Pare de vê-lo. Não monte sua tenda à sombra de Siquém.

> Acima de tudo, guarde o seu coração,
>> pois dele depende toda a sua vida.
> Afaste da sua boca as palavras perversas;
>> fique longe dos seus lábios a maldade.
> Olhe sempre para a frente,
>> mantenha o olhar fixo no que está adiante de você.
> Veja bem por onde anda,
>> e os seus passos serão seguros.
> Não se desvie nem para a direita nem para a esquerda;
>> afaste os seus pés da maldade.
>> (Provérbios 4:23-27)

Jacó saiu. Ele percebeu que, se ficasse, os cananeus, que eram muito mais numerosos, retaliariam e matariam toda a sua família. Ele levantou acampamento, carregou seus camelos e partiu em direção a Betel. Quando ele o fez, adivinhe quem estava esperando por ele? Você vai adorar o próximo capítulo. Na mesma medida em que Siquém era sórdida, Betel era bela. Mas Jacó teve de fazer uma mudança.

Faça o mesmo. Não pare em Siquém quando a bênção está em Betel.

A GRAÇA NOS LEVARÁ PARA CASA

Gênesis 35

CAPÍTULO 11

Certamente Deus desistiu de Jacó.

Sua temporada em Siquém foi um deserto tóxico. Impiedoso e desumano. Jacó esqueceu quem ele era e o que Deus havia ordenado. Ele estava a apenas 30 quilômetros de Betel, na reta final, mas ele parou antes disso. Sua desobediência resultou em uma família devastada. Estupro. Carnificina. Sacrilégio.

Gênesis 34 é o capítulo mais sombrio da história de Jacó. Não é que Deus não estivesse presente. É que Deus não foi procurado. Jacó, mais uma vez, viveu a vida de acordo com seus próprios termos e pagou um alto preço por isso.

Deus já está farto do homem, certo? O fraudulento que muda de opinião constantemente. Ele é um péssimo exemplo de patriarca. Poderíamos pensar que Deus o abandonaria e se afastaria. E quem poderia culpá-lo? No entanto, não é isso que acontece.

> Deus disse a Jacó: "Suba a Betel e estabeleça-se lá, e faça um altar ao Deus que lhe apareceu quando você fugia do seu irmão, Esaú". (Gênesis 35:1)

Em vez de desistir de Jacó, Deus falou com ele! Direcionou-o! Deus tomou a iniciativa. Embora Deus não seja mencionado em Gênesis 34, seu nome aparece, segundo minhas contas, onze vezes nos primeiros quinze versículos do capítulo 35. A tenda de Jacó ainda estava armada à sombra de Siquém. O sangue estava sob as unhas de seus filhos. O ar impregnado de morte. Jacó e seus filhos se comportaram como os pagãos que os cercavam.

No entanto, Deus veio até Jacó. E Jacó caiu em si.

> Disse, pois, Jacó aos de sua casa e a todos os que estavam com ele: "Livrem-se dos deuses estrangeiros que estão entre vocês, purifiquem-se e troquem de roupa.

> Venham! Vamos subir a Betel, onde farei um altar ao Deus que me ouviu no dia da minha angústia e que tem estado comigo por onde tenho andado". Então entregaram a Jacó todos os deuses estrangeiros que possuíam e os brincos que usavam nas orelhas, e Jacó os enterrou ao pé da grande árvore, próximo a Siquém. Quando eles partiram, o terror de Deus caiu de tal maneira sobre as cidades ao redor que ninguém ousou perseguir os filhos de Jacó. (Gênesis 35:2-5)

Jacó teve um momento semelhante a uma experiência de "encontro com Jesus" no Antigo Testamento. Ele reassumiu o papel de ancião do clã, líder da família. Não há mais falsos deuses. Chega de flertar com Siquém. Chega de vacilar e hesitar entre as convicções. Jacó retomou a viagem para casa.

No entanto, o herói da hora não era Jacó. O herói era Deus. Foi Deus quem estimulou Jacó, e não Jacó quem buscou a Deus. Foi Deus quem moveu Jacó, e não Jacó quem moveu Deus. Foi Deus quem interveio, e não Jacó quem olhou para cima. Jacó se arrependeu, sim. Mas somente depois de Deus ter chamado seu nome.

Deus não apenas despertou Jacó; ele o lembrou de seu novo nome e de sua promessa a ele.

> Deus lhe apareceu de novo e o abençoou, dizendo: "Seu nome é Jacó, mas você não será mais chamado Jacó; seu nome será Israel". Assim lhe deu o nome de Israel. E Deus ainda lhe disse: "Eu sou o Deus todo-poderoso; seja prolífero e multiplique-se. De você procederão uma nação e uma comunidade de nações, e reis estarão entre os seus descendentes. A terra que dei a Abraão e a Isaque, dou a você; e também aos seus futuros descendentes darei esta terra". (Gênesis 35:10-12)

Jacó esqueceu-se de Deus repetidas vezes, mas Deus nunca o esqueceu. Aquele que prometeu abençoar realmente abençoou, e Jacó foi confirmado, mais uma vez, como Israel.

Graça. Toda graça.

Você gostaria de um pouco dela?

Cada dia parece trazer uma nova maneira de nos desviarmos do caminho. Qualquer pessoa que lhe disser que nunca se desviou precisa ler um livro sobre honestidade. A vida cristã não é difícil; é impossível. Precisa de provas? Considere o padrão "Monte Everest" estabelecido no Sermão do Monte.

> Mas eu digo a vocês que qualquer que se irar contra seu irmão estará sujeito a julgamento. (Mateus 5:22)

> Qualquer que olhar para uma mulher e desejá-la já cometeu adultério com ela no seu coração. (v. 28)

> Não resistam ao perverso. Se alguém o ferir na face direita, ofereça-lhe também a outra. (v. 39)

> Amem os seus inimigos e orem por aqueles que os perseguem. (v. 44)

Consegui 0 em 4! Como podemos cumprir esses mandamentos?

Quem pode fazer isso? Qual é a nossa esperança? A mesma esperança que Jacó teve: graça. "Onde aumentou o pecado transbordou a graça" (Romanos 5:20).

Não é essa a grande descoberta? "Em amor nos predestinou para sermos adotados como filhos, por meio de Jesus Cristo, conforme o bom propósito da sua vontade" (Efésios 1:5). Deus colocou você em sua família. Ele mudou seu nome, seu endereço e deu a você um lugar à mesa de jantar. Você é aceito "no Amado" (Efésios 1:6).

Certa vez, uma jovem mulher se aproximou de mim depois de ouvir um sermão sobre o perdão. Fiquei feliz em vê-la e ouvir sobre suas batalhas. Ela havia lutado muito contra a rejeição em sua vida jovem. Mas, naquele dia, ela sentiu algo diferente. "Eu fiz uma descoberta."

"Qual?"

"Eu não sou uma exceção à aceitação."

Você também não é.

Então, pelo amor de Deus, aceite sua aceitação.

Chega de autoincriminação. Não há mais autoacusação. Não há mais autocondenação. Faça da graça seu endereço permanente. Deus se uniu a você.

Você recebeu "a plenitude" (Colossenses 2:10). Você foi feito "justiça de Deus" (2Coríntios 5:21). Você se tornou "santo, inculpável e livre de qualquer acusação" (Colossenses 1:22). "Por meio de um único sacrifício, ele aperfeiçoou para sempre os que estão sendo santificados" (Hebreus 10:14).

Deus fez uma aliança para amá-lo com um amor eterno, e ele a manterá.

Ele fez isso com Jacó.

O velho patriarca finalmente conseguiu voltar para Betel.

Eu me pergunto se ele foi em busca da pedra que usou como travesseiro. Quanto tempo ele permaneceu em Betel antes de dizer às suas esposas que precisaria de uma mochila e um camelo para passar a noite? Ele vagou pelo deserto à luz do crepúsculo até encontrar o lugar onde viu a escada? Ele encontrou uma pedra, deitou-se de costas e olhou para as estrelas enquanto a memória da escada inundava seus pensamentos? Ele refletiu sobre a bagunça que fizera em sua vida? Ele enganara seu irmão. Ele ludibriara seu pai quase cego. Mas, apesar de tudo, Deus abriu os céus e baixou a escada celestial para que Jacó pudesse descobrir a maior lição da graça: Deus nos persegue quando nos afastamos dele.

Em 1890, Francis Thompson, um poeta católico romano, descreveu Deus como "O Cão de caça do Céu":

Dele fugi, noites e dias adentro;

Dele fugi, pelos arcos dos anos;

Dele fugi, pelos caminhos dos labirintos

De minha própria mente; e no meio de lágrimas

Dele me ocultei, e sob riso incessante.

Por sobre esperanças panorâmicas corri;

E lancei-me, precipitado,

Para baixo de titânicas trevas de temores abissais.[1]

---

[1] Francis Thompson, "The Hound of Heaven", *Complete Poetical Works of Francis Thompson*. New York: Oxford University Press, 1969. p. 89-94. Tradução: Lissânder Dias, "O cão de caça do céu", *Fatos e Correlatos*, [s.l.], 16 out. [2005?]. Disponível em: <https://ultimato.com.br/sites/fatosecorrelatos/2005/10/16/o-cao-de-caca-do-ceu/>. Acesso em: 16 ago. 2023.

A GRAÇA NOS LEVARÁ PARA CASA

Thompson refere-se a Jesus como "fortes Pés que seguiam, seguiam após mim./ Mas com desapressada perseguição,/ E com inabalável ritmo,/ Deliberada velocidade e majestosa urgência".

Você abriria seu coração a essa possibilidade? Deus está cortejando você, perseguindo você, encantando você. Recuse-o se quiser. Ignore-o se desejar. Permaneça no fedor de Siquém por um tempo. Mas ele não vai desistir. Acaso ele não prometeu levar você para casa? Acaso ele já quebrou alguma promessa?

Nunca.

Essa é a mensagem de Deus, a promessa agressiva da graça.

Confie.

VOCÊ CONHECE ESSA GRAÇA?

CAPÍTULO 12

Minha lista de tarefas para meu primeiro dia no céu é a seguinte:

- Adorar a Jesus.
- Abraçar meu pai, mãe, irmão e irmãs.
- Agradecer a todas as pessoas que oraram por mim quando eu estava perdido.
- Fazer algumas perguntas ao apóstolo Paulo, como: "O que significou aquele comentário sobre 'batismo pelos mortos'?"

E, então, eu gostaria de ter uma longa conversa com Jacó. Vou fazer uma rápida caminhada até o café "Calçada dos Portões de Pérola", onde ele gosta de passar suas manhãs. Vou me apresentar.

"Olá, Sr. Israel, eu sou o Max", direi a ele.

Ele vai olhar por cima do seu cappuccino e franzir os olhos. Ele vai acariciar sua barba e inclinar a cabeça e, pelo menos na minha imaginação, acenar com a cabeça ao ouvir meu nome.

"Você é o cara que escreveu o livro sobre mim, o livro da graça."

Corando, lisonjeado por ele saber sobre isso, responderei:

"Sim."

"Qual era mesmo o nome? *Deus não desistiu de Jacó*?"

"*Deus não desiste de você*", direi eu, em um hebraico perfeito.

"Segundo você, eu fui um patriarca terrível", dirá ele.

"Bem, você enganou seu irmão, mentiu para seu pai, tentou negociar um acordo com Deus e aquele incidente com Diná em Siquém...", direi eu.

"Ok, não há necessidade de revisitar cada evento."

Ele suspirará, sorrirá e me pedirá para me sentar com ele. Uma multidão se reunirá à vista do homem de cabelos crespos que ainda carrega o cajado que um dia serviu como galho em uma árvore perto do rio Jaboque.

"O que você tem em mente, filho?", perguntará Jacó.

"Eu estava certo em escrever o que escrevi?"

"Sobre mim?", retrucará ele.

"Sim."

"Que Deus me usou apesar de mim, e não por minha causa?"

"Sim."

"Que eu sou o garoto-propaganda das falhas e fraudes?"

"Como você conhece a expressão 'garoto-propaganda'?"

"Deixa pra lá. Você quer saber se minha história existe para demonstrar a graça de Deus?"

"Gostaria de saber sua opinião, sim."

"Bem, aqui está minha resposta à sua pergunta..."

E, então, à distância, uma voz rouca: "Jacó! Jacó!".

Ele olhará por cima do meu ombro e dirá: "Esaú! Eu me esqueci do nosso jogo. Me desculpe, Max. Mas Esaú e eu temos um horário no campo. Nós jogamos com Abraão e Isaque uma vez por semana. Vamos terminar essa conversa amanhã".

E lá vai ele. E eu terei de esperar um dia para ouvir sua resposta. E terei de esperar para dizer a ele o que gostaria de dizer. Já que não posso dizer a ele, posso dizer a você?

"Jacó, sua história é a minha história. Sua vida fala para aqueles de nós que tropeçam, lutam e fracassam. Você nos convida a acreditar em uma graça que é tão impressionante, cativante e convincente que seríamos tolos em recusá-la."

Enquanto leio e releio sobre Jacó, continuo esbarrando nessa certeza de que Deus o colocará no banco de reservas. Atribua isso à minha educação protestante e conservadora. Mas cada revisão da história de Jacó me deixa surpreso com sua aparente incapacidade de se endireitar, se limpar e defender tudo que é decente e moral.

Ele se esgueirou para dentro e para fora da vontade de Deus. De Berseba a Betel. Da escada do céu ao clã de Labão. Ele enganou e foi enganado. Viu anjos duas vezes e ouviu a voz de Deus três vezes (Gênesis 28:15; 32:28;

35:10). Seu nome foi mudado, mas seu coração parecia menos transforma-do. Por que Deus não o dispensou? Por que não o substituiu por alguém mais polido, mais refinado?

No entanto, por outro lado, sou muito grato por Deus não ter feito isso. Eu também engano o sistema. Eu também sou propenso a armar minha tenda à sombra de Siquém. Eu lutei com Deus ousando pensar que minha força e meus músculos o impressionariam. Posso ser bajulador, desonesto e pouco sincero.

Eu me identifico com Jacó. Eu manco.

Encontro grande inspiração nas histórias de outros heróis da Bíblia. José e Daniel são prodígios e superdotados. O apóstolo João e Maria são matéria para sábios e místicos. O apóstolo Paulo é o padroeiro do teólogo e filósofo. Mas Jacó? Ele tinha um pouco de Charlie Brown nele. Lembra como Lucy avaliava seu amigo?

> "Você, Charlie Brown, é uma bola fora na jogada da vida! Você é o último jogador no banco de reservas! Você é um erro! Você é uma rebatida de taco para trás! Você é uma bola de boliche na canaleta. Você é uma vara e um molinete caídos no lago da vida! Você é um lance livre perdido, um saque para fora e um pênalti batido para a arquibancada!"[1]

Podemos apenas imaginar como Lucy avaliaria Jacó. A história dele existe para os momentos em que o Jacó dentro de nós se pergunta: "Deus pode usar uma pessoa como eu?".

A resposta, reconfortante e retumbante, é "Sim". Graça pura.

A graça é a maior ideia de Deus. A ideia de que ele nos trataria de acordo com seu coração, e não com o nosso. De que ele olharia para nós e enxerga-ria seu Filho. De que ele se apegaria implacavelmente a nós em um amor que nenhum pecado pode separar. De que ele abriria as portas do céu a qualquer um que confiasse, não impressionasse, mas que confiasse nele.

---

[1] PEANUTS, © por Peanuts Worldwide LLC. Por Andrews Mcmeel Syndication. Impres-so com permissão. Todos os direitos reservados.

Graça maravilhosa!

Deus não está em uma escada nos dizendo para subi-la e encontrá-lo. Ele desce uma escada no deserto de nossas vidas e nos encontra. Ele não se oferece para nos usar se nos comportarmos bem. Ele promete nos usar, sabendo o tempo todo que nos comportaremos mal. A graça não é um dom para quem evita as sombras de Siquém. A graça existe porque nenhum de nós consegue fazê-lo.

Deus amando. Deus se curvando. Deus oferecendo. Deus se importando e Deus carregando.

Você conhece essa graça?

A graça faz por nós o que eu fiz por meu neto. Denalyn e eu estávamos conversando à tarde quando, do lado de fora de nossa porta dos fundos, ouvi estas palavras: "Socorro! É uma emergência!".

Reconheci a voz porque conheço a garota. Rosie, nossa neta. Ela estava a um mês de completar seis anos, ruiva, de olhos azuis e, naquele momento, sua voz soava muito urgente.

Rosie e seu irmão de três anos, Max Wesley, estavam empenhados em seu passatempo favorito: colecionar pedras. Não há necessidade de gastar dinheiro em brinquedos para essa dupla. Basta soltá-los no campo aberto atrás de nossa casa para que possam procurar pedras brilhantes e cintilantes.

Enquanto saíamos correndo pela porta dos fundos, Jenna perguntou a Rosie: "O que aconteceu?".

"Max não consegue se levantar!"

Presumi o pior. Picada de cascavel. Uma queda na ravina.

"Por que ele não consegue se levantar?"

"Ele carregava pedras nos bolsos. A calça caiu até os tornozelos. Ele está preso e não consegue se levantar."

Paramos, olhamos um para o outro e sorrimos.

"Parece uma ilustração de sermão", disse-me Denalyn.

Ela estava certa. Era uma ilustração de luxo. O pequeno Max não conseguia ficar de pé. Ele estava sentado no chão. Seus joelhos estavam perto do peito. Suas calças estavam caídas até o tornozelo. A única coisa que separava seu traseiro do asfalto era sua cueca do Homem-Aranha.

VOCÊ CONHECE ESSA GRAÇA?

"Você consegue se levantar?", perguntei.

Sua voz soou baixa e desamparada: "Não."

"Você pode tentar?"

Quando o fez, o problema estava muito claro. Cada bolso estava carregado de pedras. Bolsos laterais, bolsos traseiros, todos os quatro bolsos pesados com pedras.

"Você precisa de ajuda?", perguntei.

Ele disse "sim". Ele me deixou ajudá-lo a remover as cargas desnecessárias uma a uma, pedra por pedra, peso por peso. Imediatamente em seguida, ele levantou a calça jeans e começou a brincar novamente.

(Eu disse que era uma ótima ilustração.)

O que impede você de se levantar? O que enreda seus pés? O que impede você de seguir em frente? Que peso rouba sua paz?

Você seguiria o exemplo de Max?

Max confiou em nós.

Você não vai confiar na graça de Deus?

Assim como Jacó, você luta. No entanto, assim como Jacó, você nunca é desqualificado por suas lutas. "Mas temos esse tesouro em vasos de barro, para mostrar que o poder que a tudo excede provém de Deus, e não de nós" (2Coríntios 4:7).

Seu tesouro? Um direito de primogenitura. Uma herança e um destino espirituais.

No entanto, esses vasos de barro não se comparam ao nosso tesouro. Temos mentes que divagam. Corpos que envelhecem. Corações que duvidam. Olhos que desejam. Convicções que desmoronam. Nós rachamos sob pressão. Nossa porcelana tem fissuras. Quem quer usar um vaso quebrado? Deus quer. Deus faz grandes coisas por meio de coisas quebradas. O solo quebrado dá colheitas. Ovos quebrados dão vida. Céus quebrados dão chuva. Gizes de cera quebrados ainda podem colorir. Casulos quebrados dão voo. Jarros de alabastro quebrados dão fragrância. O pão partido da Eucaristia dá esperança. O corpo quebrado de Cristo na cruz é a luz do mundo.

121

Exatamente esse é o ponto. Deus faz grandes coisas por meio daqueles que estão profundamente quebrados. Não é a força do vaso que importa; é a força daquele que pode usá-lo.

Você não é a soma de seus pecados. Você é a soma da morte, do sepultamento e da ressurreição de Jesus. Você é tão justo quanto Jesus (2Coríntios 5:21). "Porque para Deus somos o aroma de Cristo entre os que estão sendo salvos e os que estão perecendo" (2Coríntios 2:15).

Acredita-se que a antiga arte japonesa do *kintsugi* se tenha desenvolvido no século 15 como uma forma única de consertar cerâmica quebrada. Às vezes traduzido como "jornada de ouro", o *kintsugi* repara a cerâmica quebrada não escondendo as rachaduras, mas destacando-as. O artista usa uma espécie de laca para consertar as fraturas e depois cobre o adesivo com um pó fino de ouro ou prata. O resultado? Algo lindo e inimaginável com linhas de ouro e prata serpenteando a cerâmica. A peça, então, conta a história de seu passado com cada fenda e recanto — uma vez irremediavelmente quebrada; agora gloriosamente redimida pelo artista.[2]

Ao chegarmos ao final da história de Jacó, o velho vaso de barro é mantido unido por cola e fita adesiva. Não é muito bonito de se ver, mas ele conseguiu. "Pela fé Jacó, à beira da morte, abençoou cada um dos filhos de José e adorou a Deus, apoiado na extremidade do seu bordão" (Hebreus 11:21).

Jacó morreu adorando. Que a mesma coisa seja dita sobre nós!

Não precisamos ser fortes para sermos salvos. Não precisamos ser perfeitos para sermos redimidos. Não precisamos obter notas altas. Simplesmente precisamos confiar no Deus de Jacó, acreditar em um Deus que permanece com os indignos e fracassados até que estejamos seguros em casa. Ele é o Deus de segundas chances e novos começos. O Deus da graça.

Sua graça nunca desiste.

---

[2] Kelly Richman-Abdou, "Kintsugi: The Centuries-Old Art of Repairing Broken Pottery with Gold". *My Modern Met*, [s.l.], 5 mar. 2022. Disponível em: <mymodernmet.com/kintsugi-kintsukuroi>. Acesso em: 16 ago. 2023.

PERGUNTAS PARA REFLEXÃO

Elaboradas por Andrea Lucado

CAPÍTULO 1: A SOCIEDADE DA AURÉOLA TORTA

1. **Como você descreveria a Sociedade da Auréola Torta?**

   - Você já se considerou um membro da Sociedade da Auréola Torta? Por que sim ou por que não?
   - Você tende a pensar nos personagens da Bíblia como membros dessa sociedade da mesma forma? Por que sim ou por que não?

2. **Preencha o espaço em branco: "Jacó, o patriarca_____"** (p. 13).

   - O que você sabia sobre Jacó antes de ler este livro?
   - O que o surpreendeu sobre ele depois de ler este capítulo?

3. **Qual era o apelido de Jacó?**

   - Você conhece alguém como Jacó, alguém que merece um apelido assim?
   - Como você se sente em relação a essa pessoa?
   - Você está surpreso que um dos patriarcas das fés judaica e cristã fosse uma pessoa assim?

4. **Qual era o legado da família de Jacó? Quem eram sua mãe e seu pai, avó e avô?**

   - O que você sabe sobre os pais e avós de Jacó?
   - Como nosso próprio legado afeta nossas ações, personalidade e fé?
   - Descreva seu legado.
   - De que forma seu legado afetou sua vida, tanto positiva como negativamente?

5. **Leia Gênesis 25:21-28.**

   - Como somos apresentados a Jacó e Esaú nas Escrituras? Como era o relacionamento deles, ainda no útero?

DEUS NÃO DESISTE DE VOCÊ

- O que foi profetizado sobre Jacó e Esaú? Por que isso teria sido tão surpreendente para Rebeca?
- O que havia de incomum no nascimento de Jacó e Esaú?
- Que simbolismo há no fato de Jacó haver segurado o calcanhar de seu irmão?
- Como Jacó e Esaú eram diferentes?
- Qual dos pais amava mais Jacó; qual dos pais amava mais Esaú?
- Por que você acha que essa informação foi incluída nas Escrituras?

6. **Max explica: "O primogênito de Isaque seria o próximo portador da Aliança que Deus havia feito com Abraão". Leia sobre essa Aliança em Gênesis 12:2-3.**

- Como sabemos que Deus favoreceu Abraão?
- Por que ele merecia receber a Aliança?
- Em que aspectos Jacó e Abraão eram diferentes?
- Jacó merecia levar adiante essa Aliança? Por que sim ou por que não?

7. **Jacó não era um profeta ou um pregador. Ele ficou aquém. Ele traiu. Ele mentiu.**

- Se Jacó é o anti-herói dessa história, quem é o herói?
- Que tema está no centro da história de Jacó? (Dica: é uma palavra.)

8. **Como você definiria *graça*?**

- Como você tem experimentado a graça em sua vida?
- Onde você precisa experimentar a graça de Deus em sua vida agora?

9. **Mesmo que você tenha apenas começado a estudar a vida de Jacó, pelo que sabe até agora, de que forma você se vê na história dele?**

- Sabendo como Deus se sentia em relação a Jacó, como você acha que ele se sente em relação a você?
- Como a história de Jacó pode lhe dar esperança para sua própria história?

CAPÍTULO 2: DE PRÍNCIPE A PÁRIA

1. **Como você lida com os tempos de espera? Você está em paz ou em conflito? Talvez dependa da situação. Explique sua resposta.**

- Max diz: "O pecado, em sua raiz, é a falta de disposição de esperar" (p. 25). Você concorda com essa afirmação? Por que sim ou por que não?

Perguntas para refelexão

- Você já pediu a Deus para ajudá-lo a esperar em paz? Descreva o que aconteceu e o que você aprendeu.

2. **Leia Gênesis 25:29-34.**

- Por que Esaú concordou em vender sua primogenitura a Jacó?
- O que a incapacidade de Esaú de esperar naquele momento lhe custou por toda a vida?
- Sua impaciência já lhe custou algo importante? Qual foi o resultado disso?
- Se você pudesse reviver aquele momento, o que faria?

3. **Esaú não era o único em sua família que tinha problemas com a espera. Leia Gênesis 27:1-29.**

- Rebeca conhecia a profecia de Deus sobre seus filhos. Ainda assim, ela orquestrou esse plano — um atalho para que Jacó recebesse a bênção de Isaque. Por que você acha que ela insistiu para que Jacó pegasse esse atalho?
- Você já pegou um atalho para conseguir algo que queria muito?
- Qual foi o resultado?

4. **Leia Gênesis 27:41-45. Qual foi o resultado do atalho de Jacó e Rebeca?**

- O que o atalho conquistou para Jacó?
- Quais foram as repercussões das ações de Jacó?
- O que você acha que teria acontecido se Rebeca e Jacó tivessem esperado no Senhor?

5. **Você está esperando em Deus por algo agora?**

- Há quanto tempo você está esperando?
- Quais atalhos você tomou enquanto esperava? Qual foi o resultado?
- Existe alguma diferença entre um atalho e um movimento estratégico útil? Como você pode reconhecer a diferença?

6. **Com quem você mais se identifica neste capítulo e por quê?**

Esaú: Ele estava tão desesperado para saciar sua fome que vendeu a coisa mais importante do mundo para ele em troca de uma tigela de ensopado.
Rebeca: Mesmo conhecendo o plano de Deus para seus filhos, ela tomou as rédeas da situação e elaborou um plano que separou sua família.
Jacó: Participou voluntariamente desse plano para enganar o próprio pai em troca de status e prestígio.

DEUS NÃO DESISTE DE VOCÊ

- Como as histórias de Jacó, Esaú e Rebeca são advertências para você enquanto espera no Senhor?
- Como suas histórias podem encorajá-lo enquanto espera?

CAPÍTULO 3: ESCADAS QUE DESCEM DO CÉU

1. **Descreva um momento em que você se viu em profundo desespero.**

   - O que causou esse desespero?
   - Você se sentiu sozinho nesse período? Em caso afirmativo, por quê?
   - Você sentiu que Deus estava perto ou longe de você? Por quê?
   - Neste capítulo você lê sobre a longa jornada que Jacó começou sozinho. Como sua experiência com o desespero e a solidão pode ajudá-lo a sentir empatia por Jacó? Como você acha que ele estava se sentindo quando saiu de casa?

2. **Leia Gênesis 28:10-19. O que Jacó viu em seu sonho?**

   - O que você acredita sobre os anjos e por quê?
   - De acordo com as Escrituras, que papel os anjos desempenham em nossas vidas? (Ver Hebreus 1:14 e Salmos 91:11.)
   - Que papel os anjos desempenham em nossas orações? (Apocalipse 8:3-5)
   - O que você acha que os anjos representavam no sonho de Jacó?

3. **O que Jacó ouviu em seu sonho?**

   - Que promessas Deus fez a Jacó em seu sonho?
   - Max diz: "Não há evidências de que Jacó tenha orado, tido fé ou buscado sinceramente a Deus" (p. 38). Considerando isso, o que essas promessas dizem sobre o caráter de Deus?

4. **Como você ouviu a voz de Deus em sua vida? Foi um momento como a "escada de Jacó", em que você, literalmente, ouviu a voz de Deus, ou foi uma maneira mais indireta de ouvir Deus, talvez por meio de um amigo ou de algo que você leu ou ouviu alguém dizer?**

   - O que Deus disse a você?
   - Você ficou surpreso ao ouvir Deus naquele momento ou dessa forma? Por que sim ou por que não?
   - Como você tem visto Deus falar com outras pessoas em sua vida?

5. **Max diz: "A graça faz isso. Ela persegue. Persiste. Aparece e se manifesta" (p. 39) Você já experimentou a graça dessa maneira? Em caso afirmativo, como?**

PERGUNTAS PARA REFELEXÃO

6. **Como Jacó reagiu ao seu sonho?**

   - O que ele disse, e o que ele fez?
   - Quando você foi surpreendido pela presença de Deus em um período difícil ou sombrio?
   - Como Deus se revelou a você?
   - Como a presença dele afetou você naquele momento?

7. **Preencha o espaço em branco: "Sua escada para o céu não é uma visão, mas uma pessoa. _____ é a nossa escada" (p. 40).**

   - Como Cristo é nossa "escada"?
   - Você tende a pensar em Jesus dessa forma — como seu "intermediário", como "o canal pelo qual as bênçãos chegam e por meio do qual as orações sobem" (p. 41)? Por que sim ou por que não?

8. **Responda à pergunta de Max no final do capítulo: "Qual é sua versão de um travesseiro de pedra?" (p. 41)**

   - Qual é a promessa de Jacó e Betel? (p. 41)
   - Como essa promessa poderia aplicar-se ao seu travesseiro de pedra?

9. **Pilares são lembretes tangíveis da fé. Jacó marcou o lugar onde experimentou Deus em seu sonho construindo uma pequena coluna e ungindo-a com óleo. Por que você acha que ele fez isso?**

   - Quais marcos físicos ou memoriais são importantes para você e por quê?
   - Que momento "de travesseiro a pilar" em sua vida você poderia marcar ou memorizar?
   - Pense em um meio de marcar esse momento ou período de sua vida. Como seria seu pilar? Onde você o construiria? Como você poderia orar sobre ele ou ungi-lo?

CAPÍTULO 4: SEM TOMA LÁ, DÁ CÁ

1. **Você já tentou barganhar com Deus? Em caso afirmativo, qual era a natureza dessa barganha?**

   - O que lhe deu coragem para tentar uma barganha com Deus?
   - Qual foi o resultado?

2. **Leia Gênesis 28:20-22.**

   - Explique a tentativa de Jacó de barganhar com Deus: o que Jacó pediu a Deus para fazer e o que ele daria em troca nessa barganha?

DEUS NÃO DESISTE DE VOCÊ

- Como a barganha de Jacó com Deus difere de outros exemplos bíblicos de barganha com Deus? (Gênesis 18:22-32 e 1Samuel 1:11)
- Como você se sente em relação à resposta de Jacó ao seu sonho dessa maneira?

3. **Max cita A. W. Tozer: "Deixados a nós mesmos, tendemos imediatamente a reduzir Deus a termos administráveis. Queremos levá-lo para onde possamos usá-lo, ou pelo menos saber onde ele estará quando precisarmos dele. Queremos um Deus que, em certa medida, _____ " (p. 46-47). Preencha o espaço em branco.**

- Como a barganha de Jacó foi uma tentativa de controlar Deus?
- Você vê as barganhas que fez com Deus como tentativas de controlá-lo? Por que sim ou por que não?
- Por que você acha que tentamos controlar Deus? Qual é o resultado que esperamos?

4. **Max fala sobre o casal que visitou no hospital depois que a filha deles sofreu um acidente. A fé deles dependia de sua filha ficar boa.**

- Alguma vez você já se sentiu assim?
- Você já quis ou precisou de algo tão desesperadamente que, se Deus não desse a você, isso o faria perder a fé?
- Deus atendeu ao seu pedido? Se sim, como você reagiu? Em caso negativo, como você reagiu?

5. **Como nossas barganhas com Deus são comparáveis ao formigueiro artificial que Max descreve neste capítulo? (p. 48)**

- Como essa ilustração pode lhe dar uma perspectiva de como Deus se sente sobre nossas ofertas?

6. **Qual é a raiz da palavra *santificado*, usada para descrever Deus em Mateus 6:9?**

- O que essa palavra significa?
- O que isso lhe diz sobre a natureza de Deus?

7. **Leia os seguintes versículos:**

> Saibam eles que tu, cujo nome é SENHOR,
> somente tu, és o Altíssimo sobre toda a terra.
> (Salmos 83:18)

PERGUNTAS PARA REFELEXÃO

Assim diz o Senhor:
"O céu é o meu trono;
  e a terra, o estrado dos meus pés.
Que espécie de casa vocês me edificarão?
  É este o meu lugar de descanso?
Não foram as minhas mãos que fizeram todas essas coisas,
  e por isso vieram a existir?", pergunta o SENHOR.
    (Isaías 66:1-2)

Então o SENHOR respondeu a Jó do meio da tempestade e disse:
"Quem é esse que obscurece o meu conselho
  com palavras sem conhecimento?
Prepare-se como simples homem;
  vou fazer-lhe perguntas e você me responderá.
"Onde você estava quando lancei os alicerces da terra?
  Responda-me, se é que você sabe tanto.
Quem marcou os limites das suas dimensões? Talvez você saiba!
  E quem estendeu sobre ela a linha de medir?
E os seus fundamentos, sobre o que foram postos?
  E quem colocou sua pedra de esquina,
enquanto as estrelas matutinas juntas cantavam
  e todos os anjos se regozijavam?
"Quem represou o mar pondo-lhe portas,
  quando ele irrompeu do ventre materno,
quando o vesti de nuvens
  e em densas trevas o envolvi,
quando fixei os seus limites
  e lhe coloquei portas e barreiras,
quando eu lhe disse:
  Até aqui você pode vir, além deste ponto não;
  aqui faço parar suas ondas orgulhosas?"
    (Jó 38:1-11)

- Como esses versículos descrevem Deus?
- Como isso ajuda você a entender a santidade de Deus, de que forma ele é separado de nós?

8. **Como você reconcilia esse Deus com Jesus, aquele que não estava separado de nós, mas conosco e perto de nós?**
9. **Max diz: "Orar não é pedir a Deus que faça o que você quer; é confiar em Deus para fazer o que é melhor" (p. 51). O que você acha dessa afirmação?**

DEUS NÃO DESISTE DE VOCÊ

- Que tipo de coisa você pede a Deus?
- Você acha que é aceitável orar pelo que você quer? Por que sim ou por que não?
- Pense em algo que você deseja agora, algo que você tem pedido a Deus. À luz deste capítulo, como você poderia levar esse pedido a Deus?

10. **A história de Jacó é toda sobre graça, apesar de seu comportamento trapaceiro, desajeitado e egoísta. Como diz Max: "A história de Jacó é um testemunho da bondade divina, inesperada, não solicitada e imerecida".**

- Você acredita na declaração de Max? Isso se provou verdadeiro em sua própria vida?
- Você, como Jacó, tentou barganhar com Deus? Você já testemunhou essa bondade imerecida dele? Explique.
- Como você reage quando barganhar com Deus não traz a resposta que você queria?

CAPÍTULO 5: O TRAPACEIRO É TRAPACEADO

1. **Por que Rebeca enviou Jacó para a terra de Harã? Por que Deus enviou Jacó para a terra de Harã?**
2. **Este capítulo é sobre colher o que você planta. Qual tem sido sua experiência em colher o que você plantou?**

- Quando você semeou algo bom? Qual foi o resultado?
- Quando você semeou algo ruim? Qual foi o resultado?
- Quais sementes Jacó havia plantado até este ponto em sua história?

3. **Leia Gênesis 29:1-14.**

- Como Jacó foi recebido por Labão e sua família?
- Por que você acha que Jacó chorou quando conheceu Raquel?
- O que isso lhe diz sobre como Jacó estava se sentindo depois de finalmente chegar a Harã?

4. **Leia Gênesis 29:14-30.**

- Como Jacó se sentia em relação a Raquel?
- O que ele estava disposto a fazer por ela?
- Que aspecto do caráter de Jacó isso revela?
- O que essa história nos revela sobre o caráter, a ética de trabalho e a força de vontade de Jacó?

PERGUNTAS PARA REFELEXÃO

5. **Como a estratégia empregada por Labão para enganar Jacó reproduziu o artifício utilizado por Jacó para engambelar Isaque e Esaú?**

   - Quais lições Jacó poderia ter aprendido com isso?
   - Como podemos inferir que Jacó ainda não tinha aprendido a lição?
   - Quais poderiam ser as possíveis razões para isso?

6. **Quais lições você aprendeu ao colher o que plantou?**

   - Assim como Jacó, você acha que algumas lições são mais difíceis de aprender do que outras? Você continua plantando a mesma semente, esperando um resultado diferente? Se sim, como isso se desenrolou em sua vida?
   - Que boas sementes você poderia plantar hoje para colher os benefícios amanhã?
   - Quem mais poderia beneficiar-se dessas sementes?

7. **Alguns dizem que recebemos o que merecemos. Muitas vezes, como no caso da história de Jacó neste capítulo, recebemos. Mas, algumas vezes, não. Quando você não recebeu o que "merecia"? Por exemplo, você foi desagradável com alguém, mas essa pessoa respondeu a você de maneira gentil. Você entregou o projeto atrasado, mas seu chefe foi gentil.**

   - Como a graça estava operando nesse cenário?
   - Sabendo que temos o amor incondicional de Deus e a graça sem-fim por meio de Cristo, como podemos equilibrar essa verdade com a outra verdade que Max apresenta: "Você determina a qualidade do amanhã pelas sementes que planta hoje?" (p. 63).

8. **Como a graça estava presente na história de Jacó com Raquel e Lia?**

   - Por que você acha que Deus não desistiu de Jacó como parte de seu plano maior?
   - Pense em um momento em que Deus estendeu a graça a você. Como essa experiência impactou sua fé?
   - Por que você acha que Deus não desistiu de você?

CAPÍTULO 6: GUERRAS TERRITORIAIS DOMÉSTICAS

1. **O que você sabe sobre sua genealogia?**

   - Pelo que sua família é conhecida? Cite coisas boas e ruins.
   - Você já viu desintegração em sua própria família ou testemunhou isso em uma família que você conhece?

- Como isso afetou você?
- Como a desintegração pode afetar o relacionamento de uma pessoa com Deus?

2. Leia Gênesis 29:31-35.

- Por que Deus permitiu que Lia concebesse?
- Qual foi a reação de Lia ao nascimento de Rúben?
- Qual foi a reação dela ao nascimento de Simeão?
- Qual foi a resposta dela ao nascimento de Levi?
- Qual foi a reação dela ao nascimento de Judá?
- Use a tabela a seguir para preencher com os filhos de Lia — seus nomes e o significado de seus nomes.
- Por que você acha que Lia louvou a Deus pelo nascimento de Judá?
- Como Lia mudou desde o nascimento de Rúben até o de Judá?

3. Você já se sentiu invisível ou não amado como Lia?

- Como essa falta de atenção, carinho ou amor afetou você?
- Deus o encontrou nesse lugar? Em caso afirmativo, como?

4. Leia Gênesis 30:1-24.

- Considerando o apelo de Raquel a Jacó no versículo 1, como você acha que ela se sentia por não poder ter filhos?
- Qual foi a solução encontrada por ela?
- Continue preenchendo a tabela a seguir com os filhos de Zilpa, Bila, Lia e Raquel, seus nomes e o significado de seus nomes.

5. Max descreve as histórias de Raquel e Lia como um caso de duas mulheres, "cada qual ansiando por algo que ainda não havia encontrado" (p. 69).

- Como Raquel reagiu ao seu anseio?
- Como Raquel e Lia reagiram de maneira semelhante e diferente a seus anseios?
- O que você já desejou sabendo que não poderia ter?
- Como você reagiu a esse desejo? O que você fez para conseguir o que queria ou o que fez enquanto esperava por isso?
- Por que esses tipos de anseios muitas vezes trazem à tona o que há de pior em nós?

6. O que você pode aprender com Raquel e Lia sobre viver com anseios?

- O que suas histórias dizem sobre onde Deus está em nosso anseio e em nossa espera?
- Como isso pode lhe dar esperança em relação ao que você anseia?

PERGUNTAS PARA REFELEXÃO

7. **Como você acha que era a casa de Jacó, Raquel e Lia?**

   - Quais tensões ou rivalidades você experimentou em sua família enquanto crescia?
   - Quais tensões ou rivalidades ainda existem hoje?
   - Como essas dinâmicas afetaram você e sua família?

8. **Como Deus usou Jacó, Lia e Raquel apesar de sua disfunção? O que isso lhe diz sobre Deus e sobre o que ele é capaz?**

9. **Max diz: "Famílias disfuncionais podem ser usadas e até mesmo corrigidas" (p. 70). Você acredita nisso para sua família? Por que sim ou por que não?**

   - Max diz: "Deus traz vida por meio da quebra". Quando você já experimentou isso?
   - Se você experimentou desintegração em sua própria família ou em uma família que conhece, como Deus poderia trazer vida através dessa luta? Passe algum tempo imaginando como seria essa cura, como as pessoas poderiam mudar e como você também poderia mudar. Mesmo que pareça impossível, lembre-se de Jacó, Raquel e Lia. Como a história deles pode lhe dar esperança para sua história?

Filhos de Jacó

Nome da mãe	Nome do filho	Significado do nome
Lia		
Bila		
Zilpa		
Raquel		

CAPÍTULO 7: A VIDA COM UM PILANTRA

1. **Quem é o Labão em sua vida? Seu chefe? Um colega de trabalho? Um membro de sua família ou da família de seu cônjuge? Um Labão é alguém de quem você não consegue "escapar". Ele ou ela faz parte de sua vida, pelo menos por enquanto.**

   - Quais características semelhantes a Labão essa pessoa tem?
   - Como você se sente na presença dessa pessoa?
   - Que tipo de pensamentos você tem sobre essa pessoa?

2. **Como Labão tratava Jacó? (Gênesis 29:22-27; 30:31-36; 31:41-42)**

   - Como você acha que Jacó se sentia em relação a Labão?
   - Por que você acha que Labão tratava Jacó dessa forma?
   - Jacó trabalhou para Labão por quatorze anos. Por quanto tempo seu Labão esteve em sua vida?
   - Como você acha que foi para Jacó ter de viver com Labão e trabalhar para ele por tantos anos?

3. **Leia Gênesis 31:10-13.**

   - O que Deus garantiu a Jacó em seu sonho?
   - Por que você acha que Deus esperou até esse momento para dizer a Jacó que fosse embora?

4. **No sonho, Deus instruiu Jacó a voltar para sua terra natal. Em resposta, Max diz que Jacó tinha duas opções: "confiar em Deus ou ficar ansioso" (p. 75). O que Jacó decidiu fazer? (Ver Gênesis 31:3)**

   - Como isso reflete uma mudança no coração e no caráter de Jacó?
   - Por que você acha que Jacó se dispôs a voltar para sua terra natal, a terra da qual havia fugido com medo de seu irmão, Esaú?

5. **De acordo com Gênesis 30:27-28, por que Labão queria que Jacó ficasse?**

   - Que impacto Jacó teve sobre Labão?
   - Que impacto você acha que teve em seu Labão? Como Deus abençoou essa pessoa através de você?
   - Qual é a sensação de saber que Deus abençoa até os Labões do mundo? Por que você se sente assim?

PERGUNTAS PARA REFELEXÃO

6. Leia Gênesis 30:31-43.

- Como Labão enganou Jacó mais uma vez?
- Como Jacó reagiu?
- Qual foi o resultado da reação de Jacó?
- Como Jacó confiou em Deus, mesmo tendo sido enganado por Labão novamente?
- Você já foi enganado ou ferido por alguém (talvez seu Labão) e, então, deu a essa pessoa uma segunda chance, apenas para ser enganado ou ferido novamente? Explique o que aconteceu.
- Como isso afetou seu relacionamento com essa pessoa?

7. Leia Hebreus 12:8-10:

> Se vocês não são disciplinados, e a disciplina é para todos os filhos, então vocês não são filhos legítimos, mas sim ilegítimos. Além disso, tínhamos pais humanos que nos disciplinavam, e nós os respeitávamos. Quanto mais devemos submeter-nos ao Pai dos espíritos, para assim vivermos! Nossos pais nos disciplinavam por curto período, segundo lhes parecia melhor; mas Deus nos disciplina para o nosso bem, para que participemos da sua santidade.

- Como seu Labão está treinando você para fazer a obra de Deus e refletir melhor seu amor?
- No capítulo 5, falamos sobre como o ardil de Labão para com Jacó reproduzia o ardil de Jacó para com Isaque e Esaú. Às vezes, nossos Labões são nossos Labões porque vemos uma parte de nós mesmos neles — algo que não gostamos. É esse o caso do seu Labão? Ele ou ela tem uma característica que você gostaria de não ter? Em caso afirmativo, o quê?

8. Leia Gênesis 31:38-42.

- A quem Jacó credita seu sucesso enquanto trabalhava para Labão?
- Como isso poderia indicar outra mudança em Jacó?

9. Max dá dois conselhos sobre como lidar com nossos Labões. Preencha os espaços em branco: "_____com Deus sobre o seu _____" e "_____a Deus por seu Labão" (p. 80-81).

- Você já conversou com Deus sobre seu Labão? Por que sim ou por que não?
- Você já agradeceu a Deus por seu Labão? Por que sim ou por que não?

DEUS NÃO DESISTE DE VOCÊ

- Passe algum tempo conversando com Deus sobre seu Labão. Agradeça a Deus por seu Labão, mesmo que pareça estranho, mesmo que, a princípio, você não esteja realmente falando sério. Experimente trazer gratidão para esse relacionamento e veja como isso muda não apenas o relacionamento, mas também você.

CAPÍTULO 8: FACE A FACE COM VOCÊ MESMO

1. **Como você se sente em relação a Jacó nesse ponto da história? Você gosta ou não dele? Você tem esperança por ele ou sente pena dele? Por quê?**
2. **Como você acha que Jacó se sentiu ao voltar para sua terra natal e ver Esaú novamente?**

   - Que garantia Deus deu a Jacó para essa jornada? (Gênesis 31:3)?
   - Quando você conheceu a segurança de Deus diante de uma conversa ou confronto difícil?
   - Aonde você foi buscar essa segurança? Na oração? Em alguma passagem bíblica especial? Lembrando da fidelidade de Deus em outras situações?

3. **Como Jacó reagiu à garantia de Deus?**

   - O que isso lhe diz sobre como ele se sentiu ao ver Esaú novamente?
   - Você acha que Jacó se arrependeu genuinamente pelo que havia feito a Esaú, ou ele estava apenas com medo da ira de Esaú? Explique sua resposta.

4. **Leia a oração de Jacó em Gênesis 32:9-12.**

   - Como Jacó louva a Deus?
   - O que ele pede?
   - O que isso lhe diz sobre como Jacó mudou?
   - O que isso lhe diz sobre como Jacó se sentiu ao ver Esaú?

5. **Leia Gênesis 32:22-30.**

   - Quais pensamentos ou sentimentos surgem quando você lê sobre a luta de Jacó com o Estranho, ou Deus, em Jaboque?
   - Que ponto Deus provou quando tocou o quadril de Jacó?
   - Por que você acha que Deus esperou até o fim da luta para fazer isso?

6. **Pense em uma ocasião em que você ficou face a face consigo mesmo.**

   - Quais eventos levaram a esse momento?
   - Como você teve de lutar com Deus para chegar a esse ponto?

Perguntas para refelexão

- Existe alguma coisa que você precisa encarar em si mesmo hoje que tem evitado? Em caso afirmativo, o quê?
- O que você precisa acreditar sobre Deus para ter essa coragem?

7. **O que Jacó pediu a Deus no versículo 26?**

- O que você acha do pedido dele e da resposta de Deus?
- Leia João 14:13-14. Considere o pedido de Jacó à luz desse versículo e seu significado para você.

8. **O que Deus perguntou a Jacó no versículo 27?**

- Se esse Estranho fosse de fato Deus, ele saberia o nome de Jacó. Por que ele perguntou isso?
- O que significa o nome Israel?
- Como o novo Jacó (agora chamado de Israel) é diferente do antigo Jacó?

9. **Mais uma vez, nosso anti-herói experimentou a graça de Deus de forma inesperada e em um lugar inesperado. O que isso lhe diz sobre como Deus se sente em relação aos seus demônios — os que você já enfrentou e os que ainda vai enfrentar?**

Capítulo 9: Tempo pretérito

1. **Preencha o espaço em branco: "Para seguir em frente rumo ao seu futuro, Jacó teve de ficar face a face com seu_____" (p. 94).**

- O que aconteceu quando Jacó enfrentou seu passado?
- Esse encontro mudou o futuro? Como?

2. **Leia Gênesis 33:1-3.**

- O que isso lhe diz sobre como Jacó se sentia a respeito de seu passado com Esaú?
- O que você pode supor sobre a maneira como Jacó apresentou sua família e seus servos?

3. **Leia Gênesis 33:4-11.**

- Como Esaú reagiu ao ver Jacó?
- Como ele reagiu aos presentes de Jacó?
- Por que você acha que Esaú foi capaz de abraçar seu irmão?

4. Max lista vários personagens da Bíblia que tinham manchas em seu passado, incluindo Moisés, que assassinou um egípcio; Abraão, que mentiu sobre Sara; Elias, que era um covarde; Ester, que não proclamou sua fé; Pedro, que era um traidor; e Paulo, que perseguia os cristãos. Destes, qual história ressoa mais em você e por quê?

   - Como Deus usou essa pessoa na Bíblia?
   - Se essa pessoa tivesse permitido que os erros do passado a impedissem, o que não teria acontecido? Quem não teria sido salvo? Que mensagem estaria faltando na Bíblia?

5. Existe algo em seu passado que você considera uma "mancha"?

   - Explique qual evento ou erro passado parece uma mancha para você.
   - Como você pode aplicar a história de Jacó para apagar o que parece ser uma mancha em seu passado?

6. Como Deus cumpriu sua promessa a Jacó quando ele se reencontrou com Esaú? (Ver Gênesis 28:15.)

   - O que surpreende você nesse reencontro?
   - O que o cumprimento da promessa de Deus diz sobre a graça?
   - Se você acredita que Deus está com você da mesma forma que esteve no passado com Jacó, o que poderia mudar na forma como você se lembra do seu passado?

7. Romanos 8:1,2 nos diz: "Portanto, agora já não há condenação para os que estão em Cristo Jesus, porque por meio de Cristo Jesus a lei do Espírito de vida me libertou da lei do pecado e da morte".

   - Você está carregando um fardo por algo em seu passado?
   - Você acredita que essa passagem se aplica a você?

8. Leia 1João 1:9: "Se confessarmos os nossos pecados, ele é fiel e justo para perdoar os nossos pecados e nos purificar de toda injustiça".

   - Por que a confissão está ligada à graça de Deus?
   - Quais são as maneiras pelas quais você pode exercer a confissão?

9. Mateus 11:28-30 nos lembra: "Venham a mim, todos os que estão cansados e sobrecarregados, e eu lhes darei descanso. Tomem sobre vocês o meu jugo e aprendam de mim, pois sou manso e humilde de coração, e

PERGUNTAS PARA REFELEXÃO

vocês encontrarão descanso para as suas almas. Pois o meu jugo é suave e o meu fardo é leve".

- Que versículo reconfortante! Você tem-se sentido "sobrecarregado"?
- Quais são algumas das maneiras pelas quais você experimentou o consolo oferecido nesse versículo?

CAPÍTULO 10: À SOMBRA DE SIQUÉM

1. **Max diz: "As Escrituras são diretas sobre a faceta obscura da natureza humana" (p. 101).**

   - Por que você acha que as Escrituras incluem histórias como a deste capítulo?
   - Que outras histórias da Bíblia revelam verdades sobre a natureza humana?
   - Como você experimentou o lado feio da natureza humana em sua vida?

2. **Leia Gênesis 31:13 e Gênesis 33:12-20.**

   - Para onde Jacó foi instruído a ir?
   - Em vez disso, para onde ele foi?
   - Como era a cidade de Siquém? (pág. 102)
   - Por que Jacó se estabeleceu ali em vez de seguir Esaú para sua terra natal?

3. **Leia Gênesis 34:1-12.**

   - O que Jacó fez quando descobriu que Diná havia sido estuprada por Siquém?
   - O que os irmãos de Diná fizeram?
   - Qual foi a resposta de Hamor?
   - O que a resposta de cada homem diz sobre como a agressão e o abuso sexual eram vistos naquela época?

4. **Leia Gênesis 34:18-23.**

   - Por que Hamor, Siquém e seus homens concordaram em ser circuncidados?
   - O que isso lhe diz sobre as prioridades desses homens?

5. **O que é um "sistema envenenado"? (p. 106)**

   - Você já se encontrou em um sistema envenenado, como um local de trabalho, comunidade, família ou igreja? Como estar nesse lugar afetou você, seu comportamento e seu relacionamento com Deus?

DEUS NÃO DESISTE DE VOCÊ

- Como ficar neste lugar o afastou de seu Betel — o lugar no qual você sabia que Deus queria que você estivesse?

6. **Leia Gênesis 34:25-31.**

- Como os filhos de Jacó participaram do sistema envenenado de Siquém?
- Um ato terrível havia sido cometido contra a irmã deles. Você acha que a resposta deles foi justificada? Por que sim ou por que não?
- Qual foi o papel de Jacó nessa parte da história?
- Você acha que isso afetou as ações dos irmãos?

7. **Preencha os espaços em branco: "Para ser claro, na análise cristã, a humanidade é _____, _____ e destinada à _____. Somos criados à imagem de Deus. Somos dotados de comunhão e convidados ao descanso eterno. No entanto desperdiçamos nossa herança procurando ser _____ " (p. 106).**

- Como todos os nossos pecados podem ser atribuídos a este único desejo: sermos Deus?
- Quando você buscou ser Deus em sua vida?
- Qual foi o resultado disso?

8. **Leia os seguintes versículos:**

Pois também Cristo sofreu pelos pecados uma vez por todas, o justo pelos injustos, para conduzir-nos a Deus. (1Pedro 3:18)

Mas Deus demonstra seu amor por nós: Cristo morreu em nosso favor quando ainda éramos pecadores. Como agora fomos justificados por seu sangue, muito mais ainda seremos salvos da ira de Deus por meio dele! Se quando éramos inimigos de Deus fomos reconciliados com ele mediante a morte de seu Filho, quanto mais agora, tendo sido reconciliados, seremos salvos por sua vida! (Romanos 5:8-10)

- O que Jesus fez com a faceta obscura de nossa natureza humana?
- O que isso significa para nós hoje?

9. **De qual Siquém você precisa fugir hoje? Em outras palavras, o que ou quem o tenta, o engana ou o faz pecar?**

PERGUNTAS PARA REFELEXÃO

- Como você poderia dar um passo para longe desse lugar hoje?
- Como você poderia convidar Cristo para esse processo, com o fim de lhe dar coragem e mostrar aonde você deve ir?

CAPÍTULO 11: A GRAÇA NOS LEVARÁ PARA CASA

1. **Quando você voltou para a casa de sua infância, ou outra casa, depois de um tempo ausente?**

   - Como você se sentiu sobre a viagem de carro, ônibus ou avião até lá?
   - Por que às vezes é difícil voltar a lugares que já foram nosso lar?

2. **Em Gênesis 35:1, Deus instruiu Jacó a retornar a Betel. Ele finalmente estava indo para casa. Em uma folha separada, faça uma lista dos principais acontecimentos da vida de Jacó que levaram a esse retorno.**

   - Como esses eventos afetaram ou transformaram Jacó?
   - Quem é ele agora em comparação a quem ele era quando fugiu de casa?
   - Deus dera as instruções a Jacó antes, mas, em vez de obedecer, ele foi para Siquém. A que você atribui o fato de Deus ter dado uma segunda chance a Jacó?

3. **Leia Gênesis 35:2-5.**

   - O que Jacó instruiu sua família a fazer?
   - O que Jacó fez com os deuses estrangeiros?
   - O que isso poderia simbolizar para Jacó?

4. **Enterrar o passado nem sempre é algo negativo. Às vezes precisamos marcar fisicamente o fato de que estamos seguindo em frente e avançando na vida. Você já enterrou seu passado como Jacó fez em Siquém?**

   - Como você marcou esse evento?
   - Ou talvez exista algo do seu passado que você precisa enterrar. Se sim, o que você poderia fazer para marcar fisicamente a transição para longe dessa memória, dessa pessoa ou desse lugar?

5. **Leia Gênesis 35:9-13.**

   - Como Deus abençoou Jacó?
   - Jacó era inconstante. Ele oscilou entre ser fiel e egoísta. No meio das idas e vindas de Jacó, como Deus permaneceu o mesmo e como isso é provado por essa passagem?

DEUS NÃO DESISTE DE VOCÊ

6. **Quando você foi inconstante em sua vida, relacionamentos ou fé?**

   - Quem em sua vida permaneceu constante, mesmo quando você se mudou, envelheceu ou se transformou?
   - O que essa pessoa significa para você?
   - Você já experimentou esse tipo de consistência de Deus? Por que sim ou por que não?
   - Qual é a sensação de saber que, mesmo quando você vacilou na fé ou foi apanhado no pecado, Deus estava tão perto de você quanto esteve de Jacó, tão pronto para lhe oferecer sua graça e bênção?

7. **Uma coisa é entender o conceito da graça de Deus. Outra é aceitá-la por si mesmo. O que o impede de aceitar a graça de Deus em relação a você e por quê?**

   - Em que você precisaria acreditar a respeito de Deus para aceitar essa graça de uma vez por todas?
   - Em que você precisaria acreditar acerca de si mesmo?

CAPÍTULO 12: VOCÊ CONHECE ESSA GRAÇA?

1. **Em uma frase, como você resumiria a história de Jacó?**

   - O que o surpreendeu sobre Jacó neste livro e em sua história registrada em Gênesis?
   - O que o surpreendeu sobre Deus?

2. **Max conta a história de seu neto, o pequeno Max, colocando pedras nos bolsos. Ele colocou tantas pedras que não conseguia ficar de pé. Como você se identifica com essa história?**

   - Quais rochas estão pesando sobre você hoje? Pecado passado, arrependimento, ansiedade?
   - Há quanto tempo essas pedras estão com você?

3. **Leia 2Coríntios 4:7: "Mas temos esse tesouro em vasos de barro, para mostrar que este poder que a tudo excede provém de Deus, e não de nós".**

   - Qual é nosso tesouro?
   - Como é seu vaso? Como ele foi rachado e quebrado ao longo dos anos?
   - Como era o vaso de Jacó? Como ele foi quebrado?

PERGUNTAS PARA REFLEXÃO

4. Max descreve uma antiga arte japonesa chamada *kintsugi*. O que é e de que forma é uma ilustração da graça de Deus? (p. 122)

   - Como Deus consertou o vaso quebrado de Jacó?
   - Deus reparou alguma falha em sua vida, tomando o que estava quebrado e transformando em algo bonito?
   - Qual quebra em sua vida ainda precisa de reparo?

5. Preencha os espaços em branco: "Você não é a soma de seus _____. Você é a soma da _____, _____ e _____ de Jesus" (p. 122).

   - Como você poderia entregar a Cristo as pedras que você está carregando?
   - Como a verdade da morte, do sepultamento e da ressurreição de Cristo poderia reparar a rachadura que você sente hoje?

6. Leia Gênesis 35:27-29. O que isso lhe diz sobre o relacionamento de Jacó com Isaque e Esaú?

7. Leia Hebreus 11:21: "Pela fé Jacó, à beira da morte, abençoou cada um dos filhos de José e adorou a Deus".

   - Considerando isso com Gênesis 35:27-29, que tipo de final teve a história de Jacó?
   - Que tipo de final Jacó *merecia*?
   - Como você se sente sobre o final que ele teve?
   - Como isso faz você se sentir sobre seu futuro e seu próprio final?

8. O título deste livro é *Deus não desiste de você*. Depois de estudar a vida de Jacó, como você pode ter certeza de que, não importando o que você fez ou fará, Deus nunca desistirá de você?

Este livro foi impresso pela Cruzado, em 2023, para a
Thomas Nelson Brasil. O papel do miolo é pólen bold 90g/m²,
e a fonte utilizada é Garamond Premiere Pro 12 pt.